Muriel Brunswig

111 Orte für Kinder im Schwarzwald, die man gesehen haben muss

111

emons:

Bibliografische Information der Deutschen Nationalbibliothek
Die Deutsche Nationalbibliothek verzeichnet diese Publikation in der Deutschen Nationalbibliografie; detaillierte bibliografische Daten sind im Internet über http://dnb.d-nb.e abrufbar.

MIX
Papier | Fördert gute Waldnutzung
FSC® C083411
FSC
www.fsc.org

Gestaltung: Editorial Design & Artdirection, Conny Laue, Bochum, nach einem Konzept von Lübbeke | Naumann | Thoben und Nina Schäfer
Kartografie: altancicek.design, www.altancicek.de
Kartenbasisinformationen aus Openstreetmap, © OpenStreetMap-Mitwirkende, ODbL
Druck und Bindung: CPI – Clausen & Bosse, Leck
Printed in Germany 2023
Erstausgabe 2022
ISBN 978-3-7408-2133-3
Aktualisierte Neuauflage Dezember 2023

Unser Newsletter informiert Sie regelmäßig über Neues von emons: Kostenlos bestellen unter www.emons-verlag.de

VORWORT

Was ist der Schwarzwald doch für ein wunderbarer Ort für Kinder. Hätte ich das nur früher gewusst! Oder gab es, als mein Sohn noch kleiner war, überhaupt schon so viele tolle Sachen zu erleben? Schließlich hat sich in den letzten 15 Jahren wirklich unglaublich viel getan. Kinder-Erlebnis-Pfade sind aus dem Boden geschossen wie kleine Fliegenpilze im Herbst, Abenteuer-Spielplätze und Baumwipfel-Pfade wurden geschaffen und unheimlich viele tolle und kindgerechte Museen.

Doch sie sind es gar nicht allein, die den Schwarzwald zu so einem besonderen Ort für Kinder und deren Eltern machen: Es sind die vielen kleinen, unerwarteten Begegnungen mit Prinzessinnen, Räubern, Geistern und Gespenstern. Und es ist die Vielseitigkeit, die Deutschlands größtes Mittelgebirge mit sich bringt, denn hier findet man auf kleinstem Raum urbanen Flair, hohe Berge und sanfte Hügel, wilde Flüsse, wunderbare Seen, beeindruckende Burgen und absolut köstliche Torten und Süßigkeiten! Außerdem verströmt der Schwarzwald durch seine besondere Lage im Dreiländereck – trotz seiner oftmals etwas eigenbrötlerischen Bewohner – den Hauch von Internationalität!

All das gab es ganz sicher auch schon früher. Doch erst durch meine Suche nach dem Besonderen ist mir das alles bewusst geworden. Wie schön wäre es also, mein Kind noch einmal für ein paar Wochen zehn oder 15 Jahre zurückzubeamen, mit ihm all die Orte in diesem Buch aufzusuchen, um den Zauber des Schwarzwalds auf diese Weise einzufangen. Da das nicht geht, müssen eben Nachbarskinder herhalten, und all diejenigen, die auf der Suche nach Orten für Kinder im Schwarzwald sind, so wie Sie. »Man sieht nur, was man weiß«, sagte Goethe einst. Also los! Nach der Lektüre dieses Buches wissen Sie viel. Und können noch mehr sehen!

111 ORTE

1_DAS LANDHAUS ETTENBÜHL

Einmal England und zurück!

Okay, herumtoben darf man hier nicht. Auch nicht wild Fußball spielen auf den riesigen Rasenflächen, obwohl sie dazu einladen. Und es gibt auch keine Schaukel und keine Rutsche. Aber dafür gibt es etwas ganz anderes: nämlich einen riesigen Landschaftspark mit 20 Themengärten, mit über tausend Rosensorten, mit Bäumen und Sträuchern aus aller Welt, und außerdem befindet sich hier das größte Hainbuchenlabyrinth Süddeutschlands. Das ist doch was, oder?

Wer sich in den Gärten und im Inneren des Landhauses Ettenbühl aufhält, ist ganz plötzlich nicht mehr im malerischen Markgräflerland, sondern im noch viel malerischeren England. Wer Rosamunde Pilcher kennt, fühlt sich blitzschnell in einen ihrer Romane versetzt. Kleine Jungs werden zu großen Lords, kleine Mädchen zu eleganten Ladys. Selbstverständlich bekommt man im Landhaus auch einen English Tea, der passend in bauchigen englischen Teekannen serviert wird. Dazu, insbesondere um fünf Uhr nachmittags, auch alles, was zu einem echten Five o'Clock Tea gehört: nämlich Gurkensandwichs und Scones. Das Schönste im Park aber sind, zumindest für Kinder, das Labyrinth und die herrlichen Gärten, der Lotusteich, der voller kleiner Frösche ist, sowie die vielen kleinen Wege und Pavillons, unter denen Tische mit Stühlen stehen, damit man sich auch länger aufhalten und wirklich den ganzen Tag wie in England fühlen kann.

TIPP: Im Kurpark von Bad Bellingen gibt es einen schönen Barfußpfad, 800 Meter lang und mit unterschiedlichsten Bodenbelägen. Der Zutritt ist kostenlos.

Adresse Hof Ettenbühl, 79415 Bad Bellingen, Tel. 07635/827970, www.landhaus-ettenbuehl.de // **ÖPNV** über die B 3 // **Öffnungszeiten** täglich 9 – 18 Uhr, im Sommer bis 18.30 Uhr; Erwachsene 8,50 Euro, Kinder ab 5 – 11 Jahre 4,50 Euro, von 1. Mai – 31. Juli Erwachsene 10 Euro, Kinder 5 Euro, teilweise barrierefrei

2_AUF DEM MERKUR

Fast wie ein Vogel

Achtung! Türen schließen selbstständig, Vorsicht bei der Abfahrt! Und schon zischt sie los. Auf einer Schiene gleitet die Standseilbahn seit über 100 Jahren 1,2 Kilometer steil nach oben. Sie startet bei 287 Metern, fährt bis auf 668 Meter und vollzieht dabei Steigungen von 23 bis 58 Prozent. Das ist ganz schön viel. Und tatsächlich gehört die Merkurbahn deshalb auch zu den längsten und steilsten Standseilbahnen der Welt. Ist man oben angekommen, sind es nur noch ein paar Treppenstufen, und schon steht man am Merkurturm, dem liebsten Turm der Baden-Badener.

Warum der Berg wie ein Planet heißt? Nun, das liegt daran, dass man hier oben bei Ausgrabungen einen römischen Votivstein für den Gott Merkur gefunden hat. Denn den Planeten hat man nach dem römischen Gott Merkur benannt. Und der wurde früher, als die Römer noch in Baden-Baden kurten, genau hier verehrt. Wer auf die Südseite des Turms läuft, findet den Stein. Man hat ihn einfach mitten in die Mauer hineingebaut.

Ansonsten kann man auf dem Götterberg vor allem eins: göttlich weit sehen. Steht man am Zaun der Terrasse des Merkurstübles, fühlt man sich fast wie ein Vogel. Arme ausbreiten, wedeln und … nein: nicht abheben. Sondern hinsetzen, heiße Schokolade bestellen und ein Stück Kuchen essen. Das hat man sich nach der Erklimmung des Bergs verdient. Oder?

Adresse Merkurstüble, Merkuriusberg 2, 76530 Baden-Baden, Tel. 07221/9709842 // ÖPNV Bus 205 ab Hauptbahnhof, Bus 204 ab Caracalla-Therme // Öffnungszeiten täglich 10–21.30 Uhr; Berg- und Talfahrt für Erwachsene 7 Euro, Kinder ab 6 Jahre 3,50 Euro, einfach 4,50 beziehungsweise 2,50 Euro

TIPP: Wer will, kann vom Merkurberg zur Talstation wandern. Der Weg ist angeschrieben und führt über Binsenwasen und durch ein kleines Wildgehege.

3_DAS SCHLOSS DER GRAUEN FRAU

Hier spukt es!

Auf jeder anständigen Burg gibt es natürlich auch ein Schlossgespenst. Und auf der Burg Hohenbaden ist es die graue Frau. Die graue Frau war eine grausame Fürstin, die immer nur sich selbst und ihren eigenen Vorteil im Auge hatte. Sie unterdrückte ihre Untertanen, forderte von ihnen viel zu viele Abgaben, und so musste das Volk schrecklich schuften und ackern. Wer murrte, kam ins Kellerverlies, das man bis heute sehen kann.

Eines Tages bekam die grausame Fürstin einen kleinen Sohn, den sie heiß liebte. Sie stieg mit ihm auf den höchsten Turm der Burg und zeigte ihm das Land: »Schau, mein Sohn«, sagte sie, »all dieses Land ist deines. Jeder, der hier lebt, ist dir untertan. Zwinge sie, zu arbeiten und dir ihren Fron zu zahlen, so wird es dir immer so gut gehen wie mir.« Doch kaum hatte die böse Frau diese Worte gesprochen, glitt ihr das Kind aus den Armen und stürzte in die Tiefe. Von Sinnen rannte die Frau die Treppen hinunter und suchte ihr Kind. Alle Untertanen jagte sie durch den Wald. Doch das Kind wurde nie mehr gefunden. Seit diesem Tag rennt die Fürstin durch das Schloss, um ihr Kind zu suchen. Anfangs als lebende Frau, und später, nach ihrem Tod, als Schlossgespenst. In manchen Nächten kann man sie bis ins Tal hinab hören, wie sie weint und schreit, und manchmal kann man sie auch sehen, wie sie mit ihrem grauen Mantel und weißen Haar durch die Gänge rennt.

Adresse Alter Schloßweg 10, 76532 Baden-Baden // **Anfahrt** über die Zähringerstraße. Nach dem Tunnel geht der Alte Schloßweg ab // **Öffnungszeiten** frei zugänglich // ab 4 Jahre

TIPP: Beim Schloss gibt es einen schönen Biergarten, in dem man auch Eis und Kuchen genießen kann.

4_DAS TOCCARION

Was klingt denn da?

Schon mal mit den Füßen Klavier gespielt? Nicht? Also: Schuhe aus und dann auf die Tasten gesprungen. Geht nicht, sollte man meinen? Falsch! Geht doch! Im Toccarion geht so ziemlich alles, was mit Musik zu tun hat, und das richtig gut.

Die »Kinder-Musik-Welt« ist einmalig in Deutschland und dennoch kaum bekannt. In den hochherrschaftlichen Räumen des Festspielhauses, einem ehemaligen fürstlichen Bahnhof, kann man auf 600 Quadratmetern die Welt der Musik aktiv kennenlernen. In der großen Wartehalle wird viel interaktiv musiziert. Ein Beamer strahlt Noten auf den Boden, die die Kids mit ihren Füßen austreten müssen. Das Klavier auf dem Boden gibt Töne bei Berührung, und ringsherum sind riesige, außergewöhnliche Instrumente: die größte Blockflöte der Welt, zum Beispiel, der man mit einer Holzhand einen Ton entlocken kann, oder eine hölzerne Cello-Pyramide, auf der man spielen kann. Selbst die Buchstaben »TOCCARION«, am Rand des großen Saales aufgestellt, sind Musikinstrumente. Harfen zum Beispiel oder Streicher.

Und nebenan? Ist das herrlich aussehende Fürstenzimmer. Hier stehen Kontrabass, Cello und Bratsche. Sie dürfen angefasst und gespielt werden. Im Gefolgezimmer liegen Blasinstrumente aus, und im Zimmer des Fahrpersonals gibt es die unterschiedlichsten Trommeln. Allein darf allerdings niemand rein. Aber natürlich kann man sich einer interaktiven Führung anschließen. Und das lohnt sich für Groß und Klein, für Musikalische und solche, die es werden wollen.

TIPP: In der Hermannstraße 9 ist die Miniaturwelt mit Sima's Café, wo Spielzeugzüge und Autos durch kleine Welten fahren (www.miniaturwelt-baden-baden.de).

Adresse Beim Alten Bahnhof 2, 76530 Baden-Baden, Tel. 07221/3013185, www.toccarion.de, Termine für Führungen und Workshops auf der Website // ÖPNV Busse 216 und 218 ab Hauptbahnhof; Kosten je nach Führung unterschiedlich

5_DIE TRINKHALLE

Schwarzwald-Sagen aufgemalt

Wer bei dem Wort Trinkhalle an einen Bierverkauf denkt, liegt falsch. Die Trinkhalle heißt Trinkhalle, weil hier früher die Brunnen der Stadt waren, als es noch kein fließendes Wasser gab. Später nannte man sie auch Kaiserhalle, weil eine Statue von Kaiser Wilhelm vor ihr steht. In Wirklichkeit aber ist es eine Sagenhalle, oder, besser gesagt, eine sagenhafte Halle. Denn hier können sich Jung und Alt 14 Bilder anschauen, und jedes davon erzählt eine Geschichte.

Oh

Zum Beispiel die von den Nixen im Mummelsee, die in mondklaren Sommernächten aus den Tiefen des Sees emporsteigen und tanzen, oder die Legende von der Geisterhochzeit zu Lauf. Es ist die Geschichte eines jungen Ritters, der auf der Burg Neu-Windeck um ein Nachtlager nachsucht und einer geheimnisvollen Frau begegnet. Er ist so fasziniert von der Schönheit der Frau, dass er sie bittet, seine Gemahlin zu werden. Die beiden heiraten, aber natürlich muss noch etwas geschehen. Das tut es auch. Ein Hahn kräht nämlich. Klingt banal, in Wirklichkeit ist der Hahnengesang aber ganz wichtig. Warum, das erzählt das achte Bild von links. Also nix wie hin in die besondere Sagen-, Trink- und Kaiserhalle!

Ah

Und wenn man dann schon mal in diesem tollen Gebäude ist, das zwischen 1839 und 1842 gebaut wurde, dann kann man sich auch noch den Rest anschauen. Die 16 Säulen zum Beispiel, die man korinthisch nennt, weil sie aus den drei Elementen Sockel, Säule und Gebälk bestehen, oder die Gewölbedecke mit den schönen Laternen im Dach.

TIPP: Die Trinkhalle steht mitten im Kurpark, der sich wunderbar zum Spaziergang anbietet. Direkt nebenan ist das Kurhaus, wo man ziemlich vornehm ziemlich guten Kuchen essen kann.

Adresse Kaiserallee 3, 76530 Baden-Baden // **ÖPNV** Busse 216 und 218 ab Hauptbahnhof und Festspielhaus // **Öffnungszeiten** frei zugänglich // ab 8 Jahre

6_DER KURPARK

Kunst und Spiele im Park

Kurpark? Das klingt jetzt nicht unbedingt nach Spaß für Kinder. Und ganz ehrlich: Normalerweise ist das auch nicht so. Aber der Kurpark in Bad Herrenalb ist anders. Er bietet nämlich total viel! Da ist zum einen der Park an sich. Er stammt aus dem 19. Jahrhundert und hat einen uralten Baumbestand! Es gibt ein sehr schönes Kurhaus von 1891 und viele kleine Nischen und Bänke, wo man sich hinsetzen kann. So weit, so normal.

Das wirklich Besondere im Kurpark findet man erst beim näheren Hinschauen. Da ist zum Beispiel der Alb-Uferpfad, ein 800 Meter langer Weg entlang der renaturierten Alb. Man folgt Uli dem Frosch entlang am Wasser und kann immer wieder seine Füße ins Nass strecken. Unterwegs begegnet man Bronzeskulpturen, die ins Wasser schauen oder Flöte spielen. Es gibt auch ein gläsernes Baumhaus, so eines wie das im Oberen Gaistal (siehe Ort 7). Es bietet für zwei Teddybären eine trockene Unterkunft. In einem gläsernen Kasten darunter liegt die Geschichte der Bären aus – unbedingt lesen! Außerdem stehen im ganzen Park Fenster auf Stelzen. Darauf zu sehen: Fotos von früher. Öffnet man die Fenster, sieht man den gleichen Ort wie auf dem Foto. Nur in echt und heute. Ja, und dann gibt es da noch die Flöße, die mit Federn ausgestattet sind. Hier kann man Balancieren üben, so wie einst die Flößer des Schwarzwaldes. Gar nicht so einfach!

All das ist dann eben doch was Besonders. Auch wenn es ein Kurpark ist. Und auch wenn er alt ist.

Adresse Dobler Straße 19, 76332 Bad Herrenalb, barrierefrei // ÖPNV S-Bahn ab Pforzheim // Anfahrt über die L 564 // Öffnungszeiten frei zugänglich // ab 2 Jahre

TIPP: Etwas nördlich des Parks ist die »Schweizerwiese« mit einer riesigen Fontäne und einem richtig tollen Spielplatz.

7_DAS BAUMHAUS

Fast wie ein Vogel im Nest

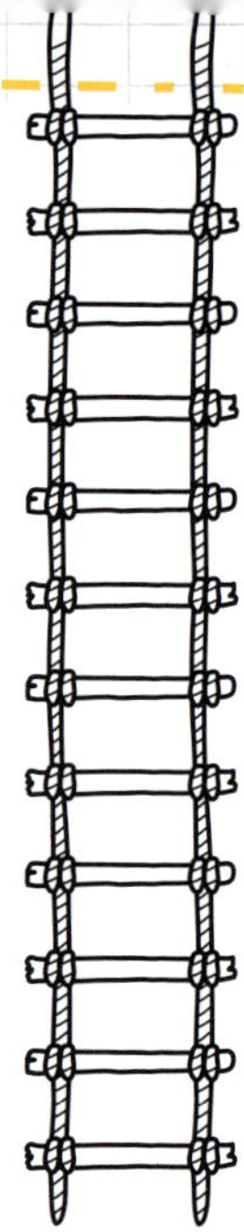

Wer wollte nicht immer schon mal ein Baumhaus haben! Aber mit dem Selbstbauen ist das so eine Sache. Wie geht das? Wie bekommt man die Bretter hoch, und vor allem: Kracht es auch nicht zusammen, wenn man oben ist? Deshalb ist es perfekt, dass das Projekt Baumhaustechnik den Baumkletterern die Mühe abgenommen und an vielen Orten des Nordschwarzwalds stabile Baumhäuser errichtet hat.

Das Baumhaus Talwiese in der Nähe des Oberen Gaistals hängt drei Meter über dem Boden in der Luft. Die Grundkonstruktion ist, wie bei allen anderen Baumhäusern des Projekts, kegelförmig und aus Holz, aber ringsum ist es mit durchsichtigen Wänden versehen. Es ist äußerst einfach ausgestattet mit einem LED-Licht, einer Handy-Ladestation, einer Leiter zum Einsteigen und einer Komposttoilette in unmittelbarer Nähe. Schlafsäcke und Isomatten muss man selbst mitbringen, und es gibt zumindest in Bad Herrenalb keine Duschmöglichkeit und keine Heizung. Dafür aber schläft man mitten im Baum. Und kann, fast wie ein Vogel im Nest, das Leben im Wald ringsum beobachten. Das ist so einzigartig, dass man den Komfort absolut nicht vermisst und sich sofort aufmachen will, um im nächsten Baumhaus zu übernachten.

TIPP: Das Baumhaus liegt direkt am Wildkatzen-Erlebnispfad, einem sechs Kilometer langen Erlebnispfad, der zum Schutz von Wildkatzen angelegt wurde und bei dem man viel über die Tiere lernen kann. Infos gibt es aufs Smartphone!

Wer selbst einmal bei so einem Baumhausbau mitmachen möchte, kann sich beim Projekt bewerben und so spielend lernen, wie man es so anstellt, dass nichts abwärts kracht! Versprochen!

Adresse Talwiese, 76332 Bad Herrenalb, www.baumhaustechnik.de, 89 Euro/Nacht/Baumhaus // **ÖPNV** Bus 116 ab Bahnhof // **Anfahrt** über die Gaistalstraße zur Talwiese, parken am Wanderparkplatz

8_DIE MARZIPAN-MANUFAKTUR

Oh, wie das duftet!

Kaum öffnet sich die Tür, möchte man am liebsten alles sofort aufessen. Die Marzipanschweinchen, die da in Reih und Glied auf einem Regalbrett stehen und austrocknen, die selbst gemachte Schokolade, die, sobald sie abgekühlt ist, in grobe Stücke zerteilt wird, aber auch alle anderen Köstlichkeiten, die in der Liebenzeller Marzipan- & Schokoladen-Manufaktur hergestellt werden.

Besser noch, als sie nur anzuschauen, ist freilich, die Köstlichkeiten zu verspeisen. Und fast genauso gut sind die Workshops, die man belegen kann. Zum Beispiel ein Marzipan-modellier-Workshop, oder einen, bei dem man lernt, wie man Pralinen herstellt, oder natürlich den allerbesten: den Schokoladen-Workshop! Da stellt man nicht nur eigene Schokolade her, sondern erfährt auch, was Schokolade eigentlich ist, wie sie sich zusammensetzt und wie man sie mit anderen Produkten mischen kann.

Natürlich finden die Workshops nur nach Voranmeldung statt, und niemals vor Weihnachten, wenn es in der Manufaktur nur so brodelt vor Arbeit. Im restlichen Jahr aber ist es überhaupt kein Problem.

Und wer nicht so scharf darauf ist, einen Workshop zu belegen? Kann auch so was sehen: Man kann nämlich an einer Glasfront im Laden dabei zuschauen, wie die süßen Leckereien entstehen. Doch das Beste ist und bleibt der Genuss der Süßis. Davon darf es an einem Tag in Liebenzell dann eben auch mal ein bisschen mehr sein. Oder?

Adresse Kirchstraße 2, 75378 Bad Liebenzell, Tel. 07052/1670, www.liebenzeller-msm.de // ÖPNV Zug ab Pforzheim // Anfahrt über die B 463 // Öffnungszeiten Mo–Fr 8–18 Uhr, Sa 9–15 Uhr, Workshops und Führungen auf Anfrage, bis sechs Personen ab 90 Euro // ab 6 Jahre

TIPP: Oberhalb der Manufaktur liegt die großartige Burg Liebenzell mit tollem Aussichtsturm!

9_ALTERNATIVER WOLF- UND BÄRENPARK

Wo Menschen hinter Gittern sind

Wo gibt es denn so was? Da leben acht Bären, sechs Wölfe und zwei Luchse auf zehn Hektar, und wenn der Mensch sie sehen möchte, muss er hinter Gittern laufen. Und das ist auch gut so. Schließlich haben die Tiere, bevor sie herkamen, in Gefangenschaft gelebt. Und das auf fast immer winzig kleinem Raum. Im »Alternativen Wolf- und Bärenpark« versucht man, das zu kompensieren, gibt ihnen so viel Platz wie möglich und ausreichend Rückzugsmöglichkeiten. Nur auswildern kann man sie nicht mehr. Dafür sind sie zu sehr an den Menschen gewöhnt. Und der muss dann halt mal hinter den Zaun. Tierparkerlebnis andersherum. Zum Glück gibt es aber immer wieder Gucklöcher, sodass man Tiere auch ohne Gitter vor Augen beobachten kann.

Weil der Park kein Zoo ist, sondern ein Tierschutzprojekt, ist sowieso einiges anders als bei anderen Tierparks. Denn es gibt weder feste Fütterungszeiten noch Dressurvorstellungen – und schon gar keine Massen an Tieren. Dafür aber einen Forscherpfad für Kinder und einen Erlebnisspielplatz, eine Feuerstelle für Würstchen und Stockbrot, und außerdem kann man die Tiere wirklich super beobachten, wenn sie im Sommer ein Bad nehmen oder sich im Winter auch mal in eine Höhle verkriechen. Und wer noch mehr möchte, kann an einem der Bärenpark-Programme teilnehmen: Bärisch lernen zum Beispiel, oder auf Spurensuche im Wald gehen. Das pädagogische Programm des Projekts ist voller Ideen und bietet immer wieder neue Aktivitäten!

TIPP: Rund zehn Kilometer nordwestlich liegt der hübsche kleine Glaswaldsee mitten im Wald. Beschildert ab der Rippoldsauer Straße.

Adresse Rippoldsauer Straße 36/1, 77776 Bad Rippoldsau-Schapbach, barrierefrei (Feldwege), Tel. 07839/910380, www.baer.de // **Anfahrt** über Wolfach oder Freudenstadt // **Öffnungszeiten** täglich 10–18 Uhr, Nov.–Feb. bis 16 Uhr; Eintritt 11 Euro, Kinder 5–14 Jahre 9 Euro // ab 6 Jahre

10_DIE ZWEILÄNDERBRÜCKE

Es führt über den Rhein …

… eine Brücke nach Stein. Wer darüber will gehen, darf im Tanze sich drehn. Singt man so. Leicht abgewandelt. Aber tatsächlich singt man es nicht nur so ähnlich, es ist auch so: Steht man mitten auf der Brücke, muss man nur einen Fuß voranstellen, und schon ist man in der Schweiz, in dem kleinen Städtchen Stein. Zieht man ihn wieder zurück, ist man wieder in Deutschland. Und so kann man mit einem kleinen Tänzchen mitten auf der Brücke immer hin- und herspringen zwischen den Ländern. Das ist bei einem Grenzübertritt in die Schweiz eher selten, denn die Eidgenossen achten sonst ziemlich streng auf ihre Grenzen.

Aber am Hochrhein ist eh vieles anders. Da gibt es Städte, die liegen halb in der Schweiz und halb in Deutschland, wie zum Beispiel Rheinfelden, und in Bad Säckingen steht ebendiese Brücke, die über den Rhein ins benachbarte Stein führt. Es ist eine reine Fußgänger- und Fahrradbrücke. Nur einmal, 2009, hat man sie für ein paar Stunden auch für Motorfahrzeuge geöffnet. Bei Dreharbeiten für einen Film. »Der böse Onkel« brauchte nämlich einen Verkehrsstau auf der Brücke. Und den hat man dann gern mal für den Filmemacher Urs Odermatt inszeniert.

TIPP: Hinter dem Fridolinsmünster, direkt am Rhein, steht der Brunnen des Katers Hiddigeigei, des Erzählkaters in Victor von Scheffels »Der Trompeter von Säkkingen«. Er verspottet die Menschen von des Turmes Spitze und lacht sich ins Fäustchen über jedes Missgeschick.

Ansonsten aber bleibt die 203,7 Meter lange Brücke weiterhin nur für Nicht-Motorisierte offen. Denn als älteste und längste überdachte Holzbrücke Europas muss man sie schützen. Vor Autos, Hochwasser und Kriegen. Aber das gelingt bislang durchaus zufriedenstellend.

Adresse Rheinbrückstraße, 79713 Bad Säckingen, barrierefrei // ÖPNV Zug ab Basel/Waldshut // Anfahrt über die B 34 // Öffnungszeiten frei zugänglich

11_WILDLINE

Auf den Füßen durch die Luft

Die Hängebrücke Wildline ist ein bisschen versteckt. Man muss erst einmal vielen Wegweisern folgen, bis man sie findet, und es ist sogar gar nicht ganz einfach, die Kids hierherzubringen, denn auf dem Weg kommt man an einem riesigen Märchenwald mit Spielplatz vorbei, von dem man die Kleinen erst mal wieder weglotsen muss. Aber dann ist man da. Man schaut auf die riesigen Seile, schluckt, hält kurz inne und betritt dann eine 380 Meter lange Brücke, die bei jedem Schritt wackelt. Über dem Kopf: der Himmel, unter den Füßen: 60 Meter nichts. Und in der Ferne? Der Schwarzwald.

Die Wildline ist nichts für Höhenphobiker. Schon gar nicht an einem windigen Tag, wenn es hier oben wackelt und weht. Schon bei Windstille ist das Laufen eine Zitterpartie, bei der man durchaus auch mal kurz Schnappatmung bekommen kann. Doch dann setzt der Kopf ein: Die Wildline ist sicher. Sie ist ein Meisterwerk technischen Könnens. Obwohl sie jeder Vorstellung trotzt, die man von Statik hat, und beweist, wie wenig man letzten Endes über Statik weiß. Denn die Hängebrücke führt bergauf. Sie ist genau in der Mitte am höchsten statt am tiefsten. So sieht man am Anfang nicht, wohin sie führt.

Wie lang sie wirklich ist, kann man sich vielleicht besser vorstellen, wenn man sich ein Bild aus New York vor Augen hält, genauer gesagt, das Empire State Building. Denn würde man die Brücke vom Boden des Wolkenkratzers bis zur Spitze spannen, wären beide gleich lang.

TIPP: Eingangs erwähnter Spielplatz kostet zwar Geld (8 Euro pro Person ab 3 Jahre), ist aber wirklich riesig und schön (Di–Do geschlossen). Direkt daneben beginnt der »Baumwipfelpfad Schwarzwald«.

Adresse Heermannsweg 100, 75323 Bad Wildbad, Tel. 07081/9557730, www.wildline.de // ÖPNV S-Bahn ab Pforzheim, mit der Standseilbahn ab Uhlandplatz auf den Sommerberg // Anfahrt über die B 294/296 // Öffnungszeiten Sommer täglich 9–21 Uhr, im Winter bis 16.30 Uhr; Eintritt Erwachsene 9,50 Euro, Kinder ab 6 Jahre 7 Euro, barrierefrei auf Anfrage

12_DER LOTHARPFAD

Wenn Bäume wie Streichhölzer umfallen

Hoch und runter, kreuz und quer verlaufen die Holzplankenwege auf dem Lotharpfad. Manchmal verlässt man aber auch die Stege, die über den Trümmerhaufen der umgepusteten Bäume verlaufen, klettert über Stock und Stein und steigt dann über eine kleine Treppe nach oben, um von dort einen riesig schönen Blick zu haben.

900 Meter ist der Pfad nur lang. Aber die haben es wirklich in sich – nicht, weil es anstrengend wäre, sondern weil man so viel zu sehen hat!

Im Dezember 1999 fegte Sturm Lothar über den Schwarzwald und pflügte dabei eine tiefe Schneise durch den Wald. Was war das damals für eine riesige Katastrophe! Menschen starben, andere verloren ihren kompletten Besitz, und tagelang, nein, monatelang waren viele Straßen des Schwarzwaldes gesperrt. Doch je länger Lothar zurücklag, desto mehr merkte man: Was für den Menschen so schrecklich war, war für den Wald eine echte Wohltat. Denn man stellte fest: Es hat nicht alle Waldflächen gleich getroffen. Eigentlich waren sogar nur die Monokulturen umgeweht worden, also reine Fichtenwälder. Die Mischwälder hatten zwar beträchtlichen Schaden davongetragen, aber sie standen. Also lernte man daraus und pflanzte dort, wo man neu aufforstete, Mischkulturen. Allerdings nur auf 20 Prozent der zerstörten Fläche. 80 Prozent überließ man sich selbst. Sie wurde zu Urwald. Zu echtem Schwarzwälder Urwald und heutigem Nationalpark.

Adresse Schwarzwaldhochstraße (B 500), 72270 Baiersbronn // **ÖPNV** Bus 12 ab Freudenstadt // **Anfahrt** über Oppenau oder Baiersbronn // **Öffnungszeiten** frei zugänglich (im Winter kann es auf dem Plankenweg glatt sein) // ab 8 Jahre

TIPP: Acht Kilometer nördlich vom Lotharpfad ist das Nationalparkzentrum Ruhestein, mit einem tollen Besucherzentrum und vielen Informationen zum Nationalpark (www.nationalpark-schwarzwald.de).

13_DER ZAUBERWALD

Immer den Zipfelmützen nach

Der Zauberwald heißt nicht nur so, er sieht auch ganz verzaubert aus. Wer über die Stege durch das Hochmoor läuft, glaubt, er könne Feen zuschauen, die über moosbewachsene Steine hüpfen. Er sieht Elfen durch die Lüfte schweben und Trolle hinter Bäumen verschwinden. Gut, dass man einen Pfad durch diesen Wunderwald geschaffen hat, den Zauberwaldpfad. So kann man sich nicht verlaufen.

15 wundervolle, liebevoll gestaltete Spiel-, Erzähl- und Infostationen machen den zweieinhalb Kilometer langen Weg zu einem Erlebnis für Groß und Klein. Gleich zu Beginn des Wegs begegnet man dem Waldzauberer persönlich. Beeindruckend groß und aus einem Baum geschnitzt steht er da, überwacht den kleinen Bach, der zu seinen Füßen fließt, schaut dabei durchaus streng und achtet darauf, dass niemand die Holzplanken verlässt. Denn das kann gefährlich werden. Schließlich befinden wir uns in einem Moor. Unterwegs aber können die Besucher auch mal ausscheren. Zum Wasserrad zum Beispiel, zu den Sitzpilzen oder dem riesigen Kletterbaum. Es gibt sogar eine kleine Hexenhütte, in der man spielen kann und in der die Geschichte des versunkenen Klosters und vom seltsamen Schweinewiibli erzählt wird. Und es gibt einen Pirschpfad, wo sich Tiere versteckt halten, die man im Dickicht des Waldes erst einmal entdecken muss. Doch am schönsten ist und bleibt der Wald an sich, der so verwunschen wirkt, als sei er lebendig – vor allem bei Nebel.

Adresse Todtmooser Straße, 79872 Bernau, Start des Zauberwaldpfads ist der Parkplatz Loipenzentrum (zur Hochsaison kostenpflichtig) // **Anfahrt** von Bernau Richtung Todtmoos, circa 500 Meter nach den letzten Häusern links // **Öffnungszeiten** frei zugänglich, im Winter ist der Pfad wegen Rutschgefahr jedoch gesperrt // ab 3 Jahre

TIPP: Am Parkplatz gibt es einen urigen Kiosk mit Eis, Pommes und Grillwurst.

14_DIE WELT DER BIENENFRESSER

Schon mal wilde Papageien gesehen?

Wenn es am Boden 60 Grad Celsius heiß wird, fliehen die meisten Tiere. Sie ziehen sich in ihren Bau zurück oder suchen den kühlen Wald. So wie wir Menschen auch. Im Kaiserstuhl aber, in der heißesten Region Deutschlands, gibt es Tiere, die leben aus genau diesem Grunde genau hier. Weil sie nirgendwo sonst in Deutschland einen Ort finden, der so heiß ist. Und einer davon ist der Bienenfresser. Ein kleiner bunter Vogel, der aussieht, als wäre er ein Papagei. Ist er aber natürlich nicht – sondern eben ein Bienenfresser.

Wer die kleinen bunten Piepmätze sehen möchte, tut gut daran, frühmorgens nach Bickensohl zu kommen und den Lösshohlwegepfad oder zumindest einen Teil davon zu laufen. Dann sitzen die lustigen Vögel nämlich gern in ihren Nisthöhlen, die sie in den weichen Lösswänden des Kaiserstuhls finden. Und von denen gibt es rund um Bickensohl besonders viele.

Und wenn man keine Vögel in den Wänden sieht? Legt man ganz einfach den Kopf in den Nacken und schaut in den Himmel. Hier fliegen sie im Sommer zuhauf. Am besten nimmt man sicherheitshalber ein Fernrohr mit, denn die flinken Vögel sind klein.

Um eines muss man sich bei der Beobachtung der Vögel jedoch kümmern: Man muss viel Geduld und Ruhe mitbringen. Nicht die allereinfachste Übung für die Kleinen: Wenn dann aber plötzlich so ein kleiner Papagei aus der Wand schaut oder man sie oben am Himmel sieht, ist die Langeweile des tatenlosen Wartens sofort vergessen!

TIPP: Der Bacchus-Brunnen ist ein super Picknickplatz mit Wasser und Bänken. Wer den ganzen Weg laufen möchte, findet an oberster Stelle des Pfades einen Jägerhochsitz mit großartigem Blick über die Weinberge auf die Vogesen.

Adresse 79235 Bickensohl, der Lösshohlwege-Pfad startet in der Hohlgasse unterhalb des Bacchus-Brunnens und ist sieben Kilometer lang // **ÖPNV** Bus 295 ab Gottenheim/Breisach // **Anfahrt** über Vogtsburg, parken zum Beispiel bei der Winzergenossenschaft // **Öffnungszeiten** frei zugänglich // ab 6 Jahre

15_ DIE SUPERWINDRÄDER AM ROTZELECK

Wer spürt die Energie?

Wuschschschsch … Da drehen sie sich. Majestätisch langsam, obwohl ein Wind zum Umfallen bläst. Wuschschschsch … Was sich da dreht? Na, riesige Rotorblätter. Insgesamt neun Stück, und jedes einzelne davon ist 68 Meter lang und wiegt stolze 21 Tonnen.

Es war ein wirklicher Gewaltakt, die Dinger hier hochzubekommen. Immerhin hat man sie für die drei größten Windräder Baden-Württembergs gebraucht, und sie mussten mitten durch den Wald auf kleinen Wegen nach oben gebracht werden. Es ging über Täler und Berge, durch kleine Dörfer und noch kleinere Weiler. All das aber ist längst vergessen und vergeben. Denn jetzt zählt nur noch zweierlei.

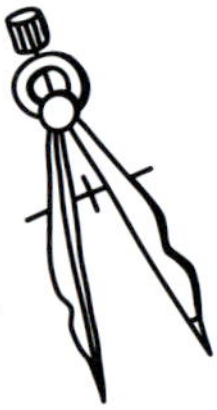

Erstens: Die drei Windräder versorgen 5.900 Haushalte mit Strom. Das sind mehr Haushalte, als Biederbach überhaupt hat – und das ist wirklich sensationell für Windräder, die nicht an einer Küste stehen, sondern in einem Wald. Na ja, deshalb hat man sie ja so hoch gebaut, dass sie über die Waldspitzen hinwegschauen. Aber trotzdem: knapp 2.000 Haushalte pro Rad ist eine ganz schöne Leistung!

Zweitens: Die Strommaschinen sind riesig, und man kann einfach zu ihnen laufen. Anfassen sollte man sie freilich nicht. Aber man kann sich auf den Boden legen und nach oben schauen! Was für eine Perspektive. Unten man selbst, 160 Meter höher der Dreh- und Angelpunkt des Rads, und wenn das Rotorblatt ganz oben ist, sind es noch einmal 68 Meter mehr. Also 228 Meter. Und schon ist es da, dieses Gefühl für Energie. Wuschschschsch …

TIPP: Der Hünersedel ist ein toller Berg mit Turm. Auf den kann man ganz nach oben steigen und die Windräder so fast schon auf Augenhöhe sehen.

Adresse Am Rotzeleck, 79215 Biederbach, das erste Rad ist barrierefrei zu erreichen (Feldweg) // **Anfahrt** über Freiamt und den Hünersedel, wo man parken kann // **Öffnungszeiten** frei zugänglich // ab 6 Jahre

16_BEI DEN ZIEGEN

Zum Klang der Hufe wandern

Määäääääääääääh! Rambo läuft forsch auf die anderen Ziegen zu und schubst sie mit seinen Hörnern. Klar, wer Rambo heißt, muss den anderen schließlich auch zeigen, wer der Boss ist. Und Rambo ist der festen Überzeugung, dass er das ist. Dabei ist Monika der Boss. Monika Schmidlin-Reinbold, die Herrin über die Ziegen, die in Bischoffingen bei Vogtsburg eine kleine Herde unterhält. Und mit der wandert sie durch den Kaiserstuhl. Wer mitwill, kommt mit, und das ist ein großartiges Erlebnis.

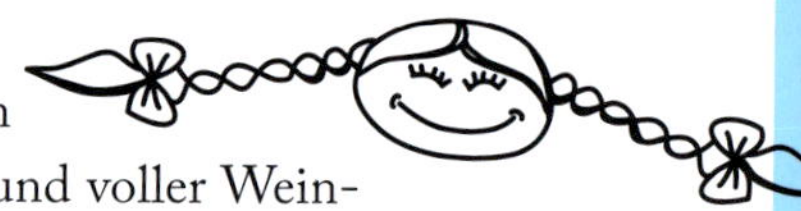

Der Kaiserstuhl ist an sich schon ein einzigartiger Flecken Erde, terrassiert und voller Weinreben. Und so bietet er auf Wanderungen auch immer wieder herrliche Fernblicke. Das begeistert in erster Linie die Großen. Die Kleinen aber lieben vor allem die Ziegen. Leo zum Beispiel, der niemals murrt, wenn man ihn fest in den Arm nimmt und knuddelt, oder Max und Moritz, die sich mit ihren Hörnern immer wieder ineinander verkeilen und sich necken und ärgern. Und dann bleiben die hübschen Vierbeiner ja auch immer wieder stehen und fressen erst mal alles, was sie so am Wegesrand finden. Das schafft natürliche Pausen, und so wird auch die längste Wanderung niemals zu anstrengend.

Aus anfänglicher Scheu, manchmal sogar Angst, wird ganz schnell die große Ziegenliebe. Und Monika? Die muss man ganz einfach gernhaben, wenn sie von ihrer Herde spricht wie von ihren Kindern und den Besuchern nicht nur den Kaiserstuhl, sondern vor allem das Leben der Ziegen erklärt.

Adresse Monika Schmidlin-Reinbold, Hüttenbergweg 8, 79235 Bischoffingen (Vogtsburg), Tel. 0173/3113425, www.monika-schmidlin.de // **Öffnungszeiten** Es gibt feste Termine für Wanderungen mit Vesper, aber natürlich kann man auch individuell Touren buchen. Die Touren starten an unterschiedlichen Orten.

TIPP: Knapp sechs Kilometer von Vogtsburg entfernt liegt Königschaffhausen. Dort gibt es die Kaiserstühler Eismanufaktur mit hervorragendem selbst gemachtem Eis. Untere Guldenstraße 10, 79346 Königschaffhausen, www.eismanufaktur-baden.de, im Sommer täglich, im Okt. Di–Sa 11.30–18 Uhr, Nov.–Feb. geschlossen, aber dann gibt es ein Café mit gutem Kuchen nebenan.

17_DAS MÖHLINWEHR

Wenn Fische Treppen steigen

Wenn Wehre geschaffen werden, bedeutet das ganz oft das Aus für Wasserlebewesen, insbesondere für Fische. Denn dann sperrt das Wehr den Fließweg ab, und durch den Sog, den so eine Stauanlage ausübt, können die Tiere zu Tode kommen. Außerdem – und das ist noch viel wichtiger – können sie dann nicht mehr frei umherschwimmen, wie ihnen die Flossen gewachsen sind, und das wiederum stört das ökologische Gleichgewicht. Denn viele Fische, wie zum Beispiel die Lachse, müssen zum Laichen zurück in ihren Ursprungsbach, und das geht nicht, wenn Wehre den Weg versperren.

Was also tun, wenn ein Wehr, zum Beispiel für die Landwirtschaft, notwendig wird, um den Grundwasserbestand ganzjährig zu sichern, wie bei Breisach und Umgebung? Man baut eine Treppe für die Fische und die anderen Wasserlebewesen. Am Möhlinwehr, also an dem Fluss, der bei Sankt Ulrich am Schauinsland entspringt und dann einmal quer durch die Ebene zum Rhein fließt, kann man sich so eine Fischtreppe ganz genau ansehen, denn über das Wehr führt ein Weg, und so hat man einen super Blick auf die Wasserstraße für die Fischlein.

TIPP: Auf dem Weg zwischen Breisach und der Fischtreppe liegt das Waldschwimmbad Breisach idyllisch im Wald (www.waldschwimmbad.breisach.de).

Erst schwimmen sie links, dann rechts und dann wieder links, und immer über flache Stufen im Strom des Wassers. Unten angekommen, dürfen sie wieder ins Fließgewässer zurück, das sie in den Rhein bringt, um dann durch den riesigen Fluss bis ins Meer zu schwimmen, wenn sie das wollen und können. Und zurück? Geht es theoretisch genauso. Praktisch aber ist das wohl ganz schön anstrengend!

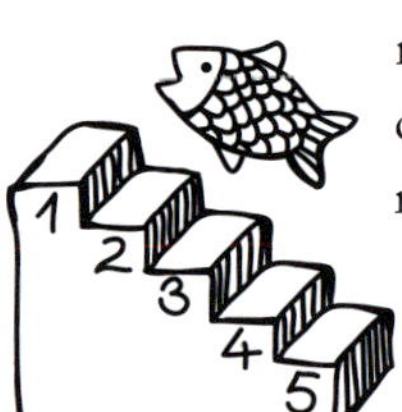

Adresse Rheinuferstraße, 79206 Breisach // **Anfahrt** vom Ortseingangskreisel bis zum Ende der Rheinuferstraße // **Öffnungszeiten** frei zugänglich

18_DER PERLENLADEN

Welche Farbe ist die schönste?

Es gibt grüne Perlen und rote, gelbe und lilafarbene, es gibt Perlen aus Glas und aus Holz. Es gibt welche aus Plastik und natürlich auch welche aus einfachen Edelsteinen. Es gibt lange und breite, verzierte und unifarbene. Und wer noch nicht genug hat, der kann auch noch Knöpfe kaufen oder nutzen, um eine schöne Kette daraus zu basteln. Oder Ohrringe. Oder Armbänder.

Aber selbst wer keinerlei Draht zur Schmuckherstellung hat und auch sonst eher zu den Grobmotorikern gehört, wird im Perlenladen in Breisach nicht widerstehen können und zugreifen. Zu schön ist der Anblick der Millionen von Perlen, die in kleinen Gläsern oder durchsichtigen Schachteln präsentiert werden. Da glitzert es und funkelt, dass einem die Augen übergehen.

Ursula Zende, die Besitzerin des Ladens, hilft natürlich gern, wenn man Fragen hat, zum Beispiel, wie das mit den Verschlüssen funktioniert oder wie man zwei- oder dreireihige Perlenketten fädelt. Überhaupt: Sie und ihre Tochter bieten (wenn man sich mit ein paar Freund:innen zusammentut) Kurse für Kinder und Erwachsene an, organisieren gern Kindergeburtstage und fertigen auf Wunsch Schmuck für Kunden nach deren Vorgaben an. Und wer dann immer noch unschlüssig ist, ob Perlen wirklich das Richtige sind, der kann im Laden einfach ein fertiges Geschmeide kaufen. Das – natürlich – aus Perlen besteht.

Kurzum: Im Perlenladen ist alles schmuck. Und zwar in jedem Sinn, den das Wort zu bieten hat!

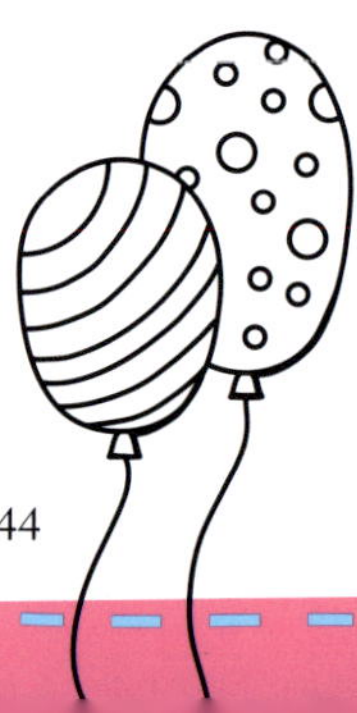

Adresse Neutorstraße 26, 79206 Breisach, Tel. 07667/904974, www.derperlenladen.de // ÖPNV Breisgau-S-Bahn ab Freiburg // Anfahrt über die B 31 // Öffnungszeiten Mo–Fr 9.30–12.30, 14–17.30 Uhr, Sa 9.30–14 Uhr

TIPP: Vom Rheinanleger, nur knapp 600 Meter weiter westlich, kann man auf deutsch-französischen Gewässern eine Schifffahrt unternehmen!

19_ DIE KLETTERFELSEN ÜBER DEN WASSERFÄLLEN

Nur was für Könner!

Zugegeben: Die Wiedenfelsen im oberen Bühlertal sind nichts für ängstliche Naturen. Oder doch, schon. Denn die nicht ganz so Schwindelfreien und Kletterungeübten können auf einem kleinen, verschlungenen Weg nach oben laufen und dort einen gigantisch schönen Fernblick genießen. Das ist doch auch schon mal was. So richtig attraktiv sind die Wiedenfelsen jedoch vor allem für Kletterer! Und zwar sowohl mit als auch ohne Seil.

Zwei Granitblöcke von ungefähr 30 Meter Höhe stehen sich gegenüber. Sie sind als Naturdenkmal ausgewiesen und wirken, schaut man von unten nach oben, als würden Hexen in die Ferne blicken. Kletterhaken finden sich auf beiden. Es gibt also Kletterrouten, und zwar der Schwierigkeitsgrade V bis VII. Aber auch ohne Ausrüstung kann man die Felsen erklimmen, denn es gibt gute Griffmöglichkeiten und immer wieder ebene Felsabschnitte, wo man stehen kann. Nur Übung braucht man dafür – und am besten Kraft. Doch dann macht es richtig Spaß!

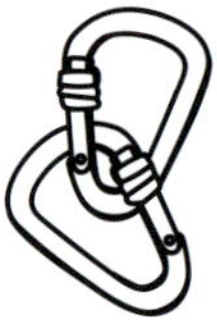

Und wenn man genug vom Klettern hat? Dann läuft man einfach den kleinen Wanderweg steil bergab. Er führt zu den Gertelbachwasserfällen, die quasi direkt unterhalb der Wiedenfelsen liegen. Es ist nur ein kurzer, wenn auch steiler Weg dorthin. Sie fallen bis zu 70 Meter in die Tiefe und wirken unglaublich verwunschen, eingerahmt von Granitblöcken. Im Sommer kann man im Wasser spielen, im Winter muss man aufpassen, dass man nicht ausrutscht.

TIPP: Zwei Kilometer oberhalb des Felsens liegt der Mehliskopf an der Schwarzwaldhochstraße mit Klettergarten, Bobbahn, Skiliften et cetera.

Adresse Sandstraße, 77830 Bühlertal // **ÖPNV** Busse 263 / 264 ab Bühl // **Anfahrt** über die Sandstraße von Bühlertal // **Öffnungszeiten** frei zugänglich // für Kinder ab 8 Jahre mit Klettererfahrungen und angstfreien Eltern

20_DER WILDNISPFAD

Wo die Wildnis den Weg vorgibt

Der Weg sieht anfangs ganz harmlos aus, doch schnell ist man mitten in der Wildnis. Und da liegen sie, die umgefallenen Bäume, die niemand wegräumt, und deren Überwindung Kletterkünste erfordert, und die tief hängenden, beindicken Äste, unter denen man sich durchbücken muss. Und natürlich die Felsen, über die man unbedingt balancieren muss. Kein Spaziergang also, sondern ein echtes Abenteuer. Aber klar, wir sind ja nicht irgendwo im Schwarzwald, sondern in einem Nationalpark. Und das heißt auch hier, wo der Wildnispfad geschaffen wurde: Alles bleibt, wie es ist. Kommen Borkenkäfer: was soll's? Bläst der Sturm einen Baum um, dann bleibt er liegen. Und wuchert das Moos so, dass alles glitschig wird? Vollkommen egal. Gehört halt dazu. Allein der Weg wird immer wieder gangbar gemacht, damit auch alle die Wildnis erleben können. Doch wohin man auch schaut, die Natur hat Vorrang.

Im Herbst gibt es entlang des Weges Tausende von Pilzen. Rot mit weißen Tupfen auf dem Boden, schwarz-weiß gestreift und der Länge nach gezogen an Baumstämmen, und natürlich die kleinen, keck in Gruppen zwischen den Wurzeln aufgestellt. Nach ungefähr der Hälfte des Weges finden mutige Wildnisforscher dann einen Adlerhorst, in dem man windgeschützt hoch oben im Baum sitzt und sich vom Laufen und Klettern erholen kann. Doch lange bleibt niemand still sitzen. Schließlich wartet die Wildnis. Und mit ihr das Abenteuer!

Adresse Plättig, 77815 Bühlertal, der Weg (beschildert ab Parkplatz Bühlerhöhe) ist 4,5 Kilometer lang, kann aber auf 2,8 Kilometer gekürzt werden // **ÖPNV** Bus X45 ab Baden-Baden // **Anfahrt** über die B500 // **Öffnungszeiten** frei zugänglich // ab 5 Jahre

TIPP: Wer nicht so weit laufen möchte oder mit dem Kinderwagen unterwegs ist: Der Luchspfad direkt nebenan (gleicher Ausgangspunkt) ist kürzer und kinderwagentauglich.

21_DAS KRABBA-NESCHT

Fast wie auf einem Dorfplatz

Ein riesiger Birnbaum steht mitten in der umgebauten alten Scheune. Obendrauf: das Nest einer Krähe, auf Schwäbisch: Krabba-Nescht.

Man betritt die Beiz durch ein Weinfass, die Theke sieht aus wie ein kleines Dorfhaus bei Asterix, und an den Wänden hängen halbe Fässer. Kleine Treppen und Stiegen führen von einer Etage zur anderen, und überhaupt: Im Krabba-Nescht gibt es unendlich viel zu sehen und zu tun. Man kann zum Beispiel in einem alten Bauernbett essen oder von einer Galerie aus hinunter auf den »Dorfplatz« schauen. Außerdem kann man die vielen Kupferlampen zählen oder den Kupferkessel bewundern. Und nein: Miraculix hat seinen Zaubertrank nicht darin gebraut. Wir sind nämlich im Schwabenländle und definitiv nicht in Gallien!

Das merkt man übrigens auch an der Speisekarte: Denn statt Wildschwein, Fisch und Cervisia gibt es Spätzle mit Linsen, Maultaschen und Kässpätzle, aber auch Zwiebelkuchen und Schmalzbrot. Dazu wird zünftig Most getrunken. Bier gibt es natürlich auch, aber das nur für die Großen.

Das Krabba-Nescht ist mehr als einfach nur ein Gasthaus. Es ist eine Wohlfühladresse für alle, die sich gern mit schönen und alten, aber auch skurrilen Dingen umgeben. Denn das ganze Haus ähnelt einem Museum. Und wenn das Wetter gut ist? Gibt es draußen einen größeren Biergarten und Wildwest-Ambiente. Außerdem ist direkt gegenüber am Waldrand ein kleiner Spielplatz. Ausflugsgefühle sind also garantiert!

TIPP: Vier Kilometer von Holzbronn Richtung Calw steht die Burg Waldeck, eine Ruine mitten im Wald, wo man schön laufen kann.

Adresse Bannstraße 7, 75365 Calw-Holzbronn, Tel. 07053/967180, www.krabba-nescht.de // **ÖPNV** Bus 773 ab Calw // **Anfahrt** über die B 463 // **Öffnungszeiten** Mo, Mi–Sa ab 17 Uhr, So ab 11 Uhr

22_DIE WELT DER KRISTALLE

Wie das funkelt und glitzert

Riesige rosa, lila und weiße Kristalle, Mineralien und Fossilien glänzen und glitzern vor der knallroten Hauswand der Edelsteinwelt. Man hat zwischen ihnen sogar Picknickbänke aufgestellt, damit man auch bei der Vesper das Edelsteinambiente genießen kann. Und doch ist das gar nichts im Vergleich zu dem, was man im Inneren findet. Denn kaum hat man die Welt der Kristalle betreten, ist man verzaubert. Verzaubert von dem, was da zu sehen ist.

Die Wände sind schwarz, die Kristalle werden angestrahlt und leuchten. Das ist so schön, dass man die Augen gar nicht mehr abwenden mag. Und was es alles zu sehen gibt! Versteinerte Bäume zum Beispiel und Sandrosen. Natürlich gibt es auch Fossilien noch und nöcher. Bergkristalle in gigantischen Dimensionen funkeln mit den Kinderaugen um die Wette, und als wäre das noch nicht genug, kann man im Schauraum auch riesige Kästen und Plakate bewundern. Hier wird genau erklärt, was man sieht und wie es entstanden ist.

TIPP: Nicht weit von der Welt der Kristalle gibt es ein schönes Schwarzwildgehege (Lärchenweg, frei zugänglich).

Sowohl große als auch kleine Paläontologen kommen außerdem auf ihre Kosten. Denn versteinerte Dinosaurierknochen sind zu sehen, sogar einen Schädel hat man ausgestellt, und in einem kleinen dunklen Kämmerlein kann man sehen, wie sich ein riesiger Edelstein, ein Amethyst, öffnet und wieder schließt. Was für ein Schauspiel!

Die Welt der Kristalle ist theoretisch ein riesiger Edelstein- und Kristalle-Shop. Praktisch aber ist sie ein schönes Museum, das überschaubar bleibt und dennoch nicht langweilt.

Adresse Fronstraße 9, 78661 Dietingen, Tel. 0741/26950110, www.welt-der-kristalle.de // **ÖPNV** Busse 34/35 ab Bahnhof Rottweil // **Anfahrt** über die Dietinger Straße ab Rottweil // **Öffnungszeiten** Do, Fr 14–18 Uhr, Sa, So 11–17 Uhr, in den Schulferien Sonderöffnungszeiten; Eintritt Erwachsene 7,50 Euro, Kinder ab 5 Jahre 4,50 Euro, beim Kauf im Shop wird der Eintritt verrechnet

23_DAS KiJuMu

Der Hit für kleine und große Forscher

Wie werden aus Plastikflaschen Fäden, um daraus Stoff für eine Jacke zu weben? Wie bedient man eigentlich eine Maschine der Unendlichkeit? Und wie fühlt es sich an, wenn man einen Roboterarm führt und bewegt? Weiß doch niemand? Dann wird es aber allerhöchste Zeit, ins Kinder- und Jugendmuseum in Donaueschingen zu kommen. Denn dort heißt es nicht nur anschauen, sondern vor allem: bitte anfassen!

Getreu dem Motto »Selbst ist das Kind« findet man im KiJuMu Hunderte von Schränken und Schubladen. Man kann sie öffnen oder herausziehen, und hinter jeder Tür kommt man einem anderen Geheimnis auf die Spur.

Manchmal kann man nur schauen, ganz oft aber aus den Schubfächern auch Kisten rausholen, die man dann mit an Arbeitstische nimmt, um mit dem Inhalt einfach mal was auszuprobieren, und zwar so lange, bis es klappt. Natürlich bekommt man Hilfe, wenn man möchte. Aber meist ist das gar nicht nötig. Denn jedes Fach hat seine eigene Logik. Und die ist fast immer selbsterklärend oder wird auf spielerische Weise erläutert.

Und wer es nicht so mit der Feinmotorik hat? Der hat dennoch was zu tun! Denn man kommt ins Staunen, wenn man dem einarmigen Roboter zuschaut, wie er Golfbälle in Vertiefungen legt, oder wenn man ein Zahnrad antreibt, das dann eine riesige Maschine in Gang setzt. Wer hat denn schon mal in ein gläsernes Piano geschaut und zugesehen, wie es funktioniert? Niemand! Oder? Nun ja, hier ist das möglich – und es ist richtig toll.

TIPP: Die besten Eisbecher und Panini weit und breit gibt es um die Ecke im Eiscafé Vivaldi, Karlstraße 37, täglich 9–19 Uhr.

Adresse Haldenstraße 5, 78166 Donaueschingen, Tel. 0771/92946426, www.kijumu-donaueschingen.de // **Anfahrt** über die Karstraße // **Öffnungszeiten** täglich außer Mo 14–17.30, am Wochenende, in den Ferien und an Feiertagen ab 10 Uhr; Eintritt Erwachsene 7 Euro, Kinder ab 5 Jahre 5 Euro

24_DIE STEINZEITHÖHLEN

Vom Ölberg in Teufelsküche

Der Ölberg ist der kleine Hügel nördlich von Ehrenkirchen. Erst muss man an ihm ein Stückchen entlanglaufen, dann noch ein bisschen kraxeln, und schon ist man in Teufelsküche. Warum sie so heißt, weiß niemand, aber man weiß, dass dort vor 15.500 Jahren Jäger und Sammler, also echte Steinzeitmenschen lebten. Sie schliefen in den drei Höhlen, die sich an der Ostseite des Ölbergs befinden, wenn auch nicht ganzjährig. Sie jagten Rentiere und Wildpferde. Die Mammuts und Wollnashörner waren damals schon so gut wie ausgestorben. Man weiß das von Höhlenzeichnungen, die man hier gefunden hat.

Doch Vorsicht! Das, was man heute in den Höhlen sieht, sind keine echten Höhlenzeichnungen. Oder besser gesagt: Sie sind schon echt, aber eben nicht alt. Und doch geben sie einen perfekten Eindruck davon, was hier einst zu sehen war.

Bei archäologischen Ausgrabungen, die in den 1930er Jahren stattgefunden haben, hat man außer den Zeichnungen auch Steinwerkzeuge gefunden, die als Messer dienten, und Speerspitzen aus Rentierknochen. Doch so ganz richtig vorstellen kann man sich das Leben in den kleinen Höhlen dennoch nicht. Deshalb ist es gut, dass der insgesamt vier Kilometer lange Steinzeitrundweg noch viele andere Stationen hat, wie zum Beispiel ein Kuckucksbad und die Burg Hauenfels. Doch am besten sind die vielen Schautafeln unterwegs, die ganz viel erklären, und die wunderschön gelegenen Sitzbänke, auf denen man sich immer wieder ausruhen kann.

Adresse 79238 Ehrenkirchen, der Rundweg (nicht kinderwagentauglich) beginnt hinter der Pfarrkirche St. Georg // ÖPNV Bus 7208 ab Bad Krozingen/Freiburg // Anfahrt über die B 3 // Öffnungszeiten frei zugänglich // ab 6 Jahre

TIPP: Unterwegs gibt es herrliche Picknickplätze, auch an der Möhlin, wo man im Sommer am Wasser sitzen und planschen kann. Also: Badezeug einpacken!

25_DIE SEIFENTRUHE

Sauber macht Spaß!

Wenn man die Tür öffnet, umweht einen der Duft wie eine sanfte Wolke. Es riecht nach Zitrone, nach Bergamotte und Lavendel. Und außerdem hängt der Wohlgeruch unsagbar feiner Seifenlauge in der Luft. Was für ein schöner Empfang!

Am liebsten möchte man jedes der vielen kleinen Seifenstücke sofort anfassen und sich unter die Nase halten. Geht natürlich nicht. Und deshalb ist es so gut, dass die drei Damen von der Seifentruhe ein Tablett gerichtet haben, auf denen alle Seifensorten ausgestellt sind. Man darf sie in die Hand nehmen und sich unter die Nase halten.

Die Seifentruhe ist ein kleines Geschäft an der Hauptstraße von Elzach. Jedes der zu verkaufenden Seifenstücke ist von Hand gemacht. Es gibt Handseifen und Haarseifen, Körperseifen und Lotionen. Außerdem finden sich Badezusätze und Körperbutter. Jedes der Stücke ist mit einem kleinen Tannenbaum versehen, dem Markenzeichen des Ladens. Denn schließlich wirbt die Truhe auch mit ihrem zweiten Namen: Schwarzwaldseife.

Sehr schön ist, dass man nicht unbedingt etwas kaufen muss. Man kann bei Workshops auch lernen, wie man Seifen und anderes herstellt. Oder man leiht sich einfach ein Do-it-yourself-Kit aus, also eine Reibe, um den Seifenblock in kleine Stücke zu zerbröseln, und Seifenförmchen. Die Anleitung gibt es gratis dazu. Nur die Zutaten zur Seifenherstellung kauft man dann im Laden. Und so wird aus dem eigentlich so profanen Säuberungsmittel ein individuelles, unendlich wohlduftendes Kunstwerk.

TIPP: Oberhalb von Elzach liegt eine schöne Grillhütte mit Spielplatz namens »Goldener Kopf«. Wer grillen möchte, muss bei der Gemeinde in Elzach anfragen.

Adresse Hauptstraße 65, 79215 Elzach, Tel. 07682/925470, www.schwarzwaldseife.de // **ÖPNV** Zug ab Freiburg // **Anfahrt** über die B 294 // **Öffnungszeiten** Di – Sa 9.30 – 12.30 Uhr, Di, Do, Fr auch 14 – 18 Uhr, barrierefrei // ab 3 Jahre

26_DER DRUIDENSITZ

Wurden hier wirklich Blutrituale vollzogen?

Wer zuerst oben ist, hat gewonnen. Jetzt aber schnell! Rauf auf den Druidensitz! Eine kleine Treppe führt hoch auf den Stein, und weil der nicht so groß ist, müssen die anderen eben warten. Aber Moment mal! Druidensitz oder Teufelsstein. Ist es nicht gefährlich, auf so etwas hochzuklettern? Womöglich haben Druiden oder, noch schlimmer, der Teufel da oben ja ihr Unwesen getrieben und sehen es gar nicht gern, wenn jetzt Kinder herumtoben.

Aber keine Sorge: Ganz egal, was der Stein einmal war oder auch nicht, heute ist der riesige, fast kugelrunde Granitblock ein Naturdenkmal. Ein ganz besonderes zugegeben. Und eines, auf das man hinaufklettern kann. Doch dass dieser Steinblock einst einmal die wildesten Spekulationen oder Geschichten hervorrief, ist nicht wirklich verwunderlich. Denn er hat eine ganz außergewöhnliche Form, und obendrauf finden sich Vertiefungen und Rillen, die nach unten verlaufen. Blutrillen, wie viele glauben, oder die Vertiefungen des Teufels, der vor Wut schnaubte und mit seinen Krallen in den Stein schlug, als es ihm nicht gelang, die christlichen Missionare, die auf dem Weg hierher waren, zu verzaubern. Deshalb nennt man die Giersteine, wie der kugelrunde Block und die Steine daneben ganz offiziell heißen, auch Blutrinnensteine, Opferkessel oder Teufelsstein. Oder eben Druidensitz. Dabei sind die Rillen weder Teufelskratzer noch dazu geeignet, Blut ablaufen zu lassen. Zumindest nicht nachweisbar. Sondern einfach nur Verwitterungen im Stein.

Adresse Giersteinstraße 24, 76596 Forbach-Bermersbach // Anfahrt über die B 462, barrierefrei (Feldweg zum Stein) // Öffnungszeiten frei zugänglich // ab 3 Jahre

TIPP: Direkt neben dem Druidensitz ist ein riesiger, wunderschöner Spielplatz mit Fernblick ins Murgtal.

27_DIE SCHWARZENBACH-TALSPERRE

Eine Seefahrt, die ist lustig

Es gibt Tretboote und Ruderboote, Vorwärts- und Rückwärtsfahrer und sogar ein kleines Einhorn, auf dem man jedoch nicht schwimmen kann. Wer hat, bringt sein eigenes Stand-up-Paddle mit, ein Schlauchboot oder Surfbrett, und dann geht es los: die Seefahrt auf der Schwarzenbachtalsperre.

Es ist ganz still. Nur die Pedale, die das Wasserrad antreibt, oder das Ruder, das den Widerstand des Wassers durchbricht, sowie der Wind in den Segeln sind zu hören. Plitsch, platsch. Ja, es hat schon etwas Magisches, wenn man vom hektischen Seeufer aus auf den zwei Kilometer langen See gleitet und vom Trubel in die Ruhe kommt.

TIPP: Auf der Nordseite des Sees, etwa 200 Meter vom Ufer entfernt, steht die versteckte Statue eines schwarzen Schwans.

Es gibt einige Stauseen im Schwarzwald, aber dieser ist besonders schön. Er ist vollkommen von Nadelbäumen umgeben, und das Wasser wirkt durch die Spiegelungen des schwarzen Waldes ganz dunkel. Je nach Licht ist er mal dunkelblau, mal dunkelgrau oder auch dunkelgrün. Und ganz manchmal auch schwarz.

1922 wurde mit dem Bau des Stausees begonnen. Der Wald wurde gerodet, Häuser abgerissen und der Boden abgetragen. Da man kein Dynamit hatte, um die Felsen in Form zu sprengen, tat man dies mit flüssiger Luft. 2.000 Menschen arbeiteten, bis die Staumauer stand und die Energiegewinnung beginnen konnte. Das war im Jahr 1926. Seitdem wurde der See immer wieder abgelassen, um die Mauer zu reparieren. Zum letzten Mal war das 1997. Wird also Zeit, dass das Wasser mal wieder abgelassen wird. Bis dahin aber können wir paddeln. Und rudern. Oder treten.

Adresse 76596 Forbach, Bootsverleih an der Staumauer // Anfahrt über den Mehliskopf (Schwarzwaldhochstraße) oder über das Murgtal, Parkplätze // Öffnungszeiten frei zugänglich // ab 2 Jahre

28_BEI DEN HISTORIXEN

Wer fürchtet sich vor Rittern und Drachen?

Stadtführungen sind doooooof, oder? Von wegen! Die Historixe sind die besten Stadtführer der Welt. Sie sind manchmal Ritter und manchmal Nachtwächter, manchmal auch Zauberlehrlinge, und an Halloween können sie sogar zu Teufeln werden und dann wieder zu Totengräbern. Und sie erzählen Geschichten, und was für welche! Von Drachen und Rittern, von Geistern, Gespenstern und natürlich von Räubern, Dieben und Helden.

Die Historixe führen (nicht nur) Kinder durch die Stadt und zeigen ihnen die gruseligsten und interessantesten Orte Freiburgs. Zu jedem geheimnisvollen Ort kennen sie eine spannende Geschichte, die sie ihren Gästen auf den außergewöhnlichen Touren natürlich erzählen. Sie verraten zum Beispiel – unter Einsatz ihres friedlichen Schlafs – die Geheimnisse der Familie von Falkenstein. Denn das bringt sie in große Gefahr, falls die Geister der Familie etwas davon mitbekommen und die Stadtführer dann nachts in ihren Alpträumen heimsuchen … Sie erzählen aber auch von der geheimnisvollen Weißen Frau auf dem Schloss und gehen, wenn die Kinder das möchten, auch mal mit der ganzen Truppe zu einem Gruselhaus, in dem es spuken soll. Die Touren werden an die Kinder, die mitgehen, angepasst und sind dabei so unterschiedlich wie die Schauspieler, die sie führen.

All das führt dazu, dass eine Historix-Tour eben nicht einfach eine langweilige Stadtführung ist, sondern ein einmaliges Erlebnis. Und das nicht nur für die Kleinen.

Adresse Historix-Tours, Wallstraße 3, 79098 Freiburg, Tel. 0761/2170488, www.historix-tours.de; Eintritt Kinder 8,50 Euro, eine Begleitperson ist frei (Aufsichtspflicht) // **Anfahrt** für die Kindertouren ist am Predigertor Ecke Rotteckring (zu Fuß 500 Meter über die Eisenbahnstraße), Termine auf der Website // ab 6 Jahre

TIPP: 300 Meter südlich vom Predigertor liegt das sehr gute Eiscafé Portofino, wo man sich vor oder nach der Tour stärken kann.

29_DAS PRÄSENZGÄSSLE

Da kann man ja die Wand hochgehen!

Ungefähr 140 Zentimeter muss man groß sein, damit das Klettern richtig Spaß macht. Und ein bisschen Kraft in den Beinen braucht man auch. Dann aber steht dem Klettern zumindest theoretisch nichts mehr im Wege. Denn das Präsenzgässchen ist so schmal, dass man locker rechts und links die Mauern hinaufklettern kann. Kaputt kann man dabei nichts machen, denn der Putz bröckelt sowieso, und die Wände sind voller Graffiti. Aber natürlich ist die Gasse dennoch kein Klettergarten, sondern eine ganz normale Gasse zum Durchgehen. Nur eben etwas enger als die meisten, ganz besonders schön und total typisch für Freiburg.

Sie führt vom Münsterplatz leicht bergauf zur Herrenstraße. Rechts, gleich am Eingang, ist das Museum für Stadtgeschichte, weiter hinten dann wieder das Freiburger Stadtbächle. Die Gasse ist so schmal, dass kaum zwei Menschen nebeneinanderlaufen können, und wer den Eingang von der Herrenstraße aus sucht, muss schon zweimal hinschauen, so winzig ist er.

Warum das Präsenzgässle heißt? Ganz einfach: Es handelt sich um einen alten Verbindungsweg zwischen dem Ordinariat (das in der Herrenstraße zu finden ist) und dem Münster. Die Domherren mussten bei Messen stets präsent sein, weshalb es praktisch war, einen direkten, schnellen Weg zu haben. Heute ist es eine der engsten Gassen der Stadt. Und eine der am besten zum Klettern geeigneten.

TIPP: Wer in Freiburg am Münster ist, sollte unbedingt eine Münsterwurst essen! Wer das aber schon kennt: An der Südseite des Münsters ist das Café Zum Bunten Onkel – mit einer Spielecke für Kinder.

Adresse Präsenzgässle, 79098 Freiburg, barrierefrei // **Anfahrt** Zugang nur zu Fuß, parken in der Schlossberggarage // **Öffnungszeiten** frei zugänglich

30_DAS SCHWIMMBAD-THEATER

Schwimmen oder nicht schwimmen. Das ist keine Frage

Es war einmal ein Schwimmbad, das wollte kein Schwimmbad mehr sein, sondern viel lieber ein Theater. Nur: Es war eben ein Schwimmbad. Mit einem Becken, mit Umkleidekabinen und einem kleinen Garten. Da dachte sich das Schwimmbad, wie kann ich es nur schaffen, kein Schwimmbad mehr sein zu müssen, sondern ein Theater? Und es grübelte und grübelte. Und weil ihm nichts einfiel, wurde es immer trauriger. So traurig, dass es eines Tages kaputtging. Erst versuchte man, es am Leben zu halten, doch im Jahr 1985 entschied man: Das Schwimmbad ist so krank, dass es sich nicht mehr lohnt. Es schloss für immer, weil der Renovierungsbedarf zu groß gewesen wäre.

Und weil dies ein Märchen ist, schlief das kleine Marienbad wie Dornröschen viele Jahre. Es bekam nicht mit, wie man im Freiburger Stadtrat beriet und beriet, was denn nun mit dem Jugendstilbau geschehen sollte, bis eine freie Theatergruppe vier Jahre, nachdem das kleine Schwimmbad geschlossen worden war, einzog. Die Schauspieler fühlten sich sofort pudelwohl in dem kleinen Bad – völlig klar, wo das Schwimmbad doch sein Leben lange nichts anderes gewollt hatte, als ein Theater zu sein. Und so erwachte Dornbädchen aus seinem tiefen Schlaf, machte sich hübsch und zeigte sich von seiner allerbesten Seite, sodass es für den Rest seines Lebens ein Theater bleiben durfte. Ein Kinder- und Jugendtheater. Und wenn es nicht gestorben ist, dann ist es das noch heute.

TIPP: In der Verlängerung der Marienstraße Richtung Norden findet sich die »Insel«, eine Straße am Gewerbekanal von Freiburg. Ein Krokodil liegt im Fluss, ein Spielwarengeschäft ist nebenan, und schöne Cafés gibt es auch.

Adresse Freiburger Kinder- und Jugendtheater, Marienstraße 4, Karten unter 0761/31470, www.marienbad.org // **ÖPNV** Tram 2 und 3 bis Holzmarkt

31_DER WASSERSPEIER

Was macht denn die Nonne da?

Fast alle großen Kirchen haben Wasserspeier, die den Regen vom Sakralbau wegleiten sollen, und fast überall sind es gruselige Gestalten. Doch nirgendwo sonst gibt es so viele und so gruselige wie am Freiburger Münster. Insgesamt sind es 91 Stück, die einmal rings um das Dach des Sakralbaus zu finden sind. Und sie zeigen die sonderbarsten Gestalten. Es sind vor allem Monster, die dem Betrachter die Zunge rausstrecken, auf den Besucher spucken oder ihn gar bei starkem Regen von oben vollpinkeln – oder noch Schlimmeres. Es sind Sagengestalten, halb Hund, halb Fisch, oder Gruselgestalten. Und es gibt eine Nonne. Eine, die auf ihren Mund zeigt und nicht besonders schön ist. Und mit dieser Nonne hat es eine ganz besondere Bewandtnis.

Sie wollte nämlich einen Mann. Als Luthers Lehre auch in Freiburg Fuß fasste und es für Nonnen möglich wurde zu heiraten, sofern sie noch jung waren und Zähne besaßen, sah sie ihre Chance gekommen. Sie sprang aus der Runde der jubelnden Nonnen hervor, als die Nachricht verkündet wurde, und rief: »Schaut her, ich habe auch noch einen Zahn – jetzt kann ich heiraten!« Die anderen Nonnen lachten sie aus, denn sie hatte nicht nur einen Stumpen statt eines Zahnes, sondern war auch schrecklich hässlich. Also bekam sie keinen Mann ab – trotz ihres Zahns. Doch die Geschichte machte die Runde, und heute ziert ihr Abbild als Wasserspeier das Münster. So wurde ihr doch zumindest ein ewiges Denkmal gesetzt.

TIPP: Auf der Südseite des Münsters, etwa auf Höhe des Hotels Oberkirch, befindet sich ein Wasserspeier, der seinen blanken Hintern in Richtung Eisdiele streckt. Wenn es regnet, sieht es so aus, als komme aus dem Hintern braune Brühe. Eklig, aber auch witzig!

Adresse Am Münsterplatz, 79098 Freiburg // **Anfahrt** Zugang nur zu Fuß. Parken im Parkhaus Karlsbau, der Wasserspeicher mit der Nonne befindet sich auf der Nordseite des Münsters, fast ganz am Ende, bevor es ums Eck geht // **Öffnungszeiten** frei zugänglich

32_DER BIOGARTEN

Tausend Bienlein summen

Schade eigentlich, dass das menschliche Auge zu schlecht sieht, um die Schmetterlinge dabei beobachten zu können, wie sie ihren Rüssel in die langen lila Blütenröhren des Lavendels stecken, um den Nektar auszusaugen. Aber man kann ihnen ja auch beim Fliegen zuschauen, und das tun sie hier vom Frühling bis zum Spätherbst. Vor allem in den Heilkräuterbeeten des Biogartens an der »Ökostation Freiburg« schwirrt die Luft im Sommer, wenn Hunderte von Insekten über die 130 angebauten Arznei- und Teepflanzen fliegen. Und wie das duftet! Also, gleich mal auf das Ruhebänkle setzen und mit viel Zeit und Muße dem Getümmel zuschauen!

Nicht nur im Sommer gibt es im Biogarten etwas zu sehen. Auch im Frühjahr und vor allem im Herbst, wenn man den Gundermann und die Vogelmiere ernten kann, und Chrysanthemen und Dahlien blühen, ist er wunderschön. Am besten steigt man auf den Turm gegenüber und schaut von oben auf das Farbenmeer, das durch das bunte Laub der Bäume entsteht und den Garten verzaubert.

Doch dann geht es zurück ins Bioreservat. Denn auf 2.500 Quadratmetern wird sehr anschaulich erklärt, wie das Ökosystem eines Gartens funktioniert. Teiche sind angelegt, an denen Frösche quaken, es gibt Schutzräume für Igel und Mäuse aus Astschnitten, den bereits erwähnten Heilkräutergarten und natürlich einen Nutzgarten. So findet hier wirklich jeder sein Fleckchen Erde oder, besser gesagt, sein kleines Paradies.

TIPP: Da der Biogarten am Flückigersee liegt: Badehose einpacken! Der See hat eine sehr gute Wasserqualität. In kalten Wintern kann man Schlittschuh laufen. Ansonsten gibt es einen riesigen Spielplatz mit Röhrenrutschen.

Adresse Falkenberger Straße 21 b, 79110 Freiburg, www.oekostation.de // **ÖPNV** Tram 1 bis Bischofskreuz // **Öffnungszeiten** Mo–Fr 9–13 und 14–17 Uhr, an Sonn- und Feiertagen laut Programm, tolles Ferienprogramm für Kinder auf Anmeldung

33_WALDTRAUT VOM MÜHLWALD

Wer ist die Höchste?

Noch ist die Grande Dame des Mühlwaldes die Nummer eins in Deutschland. Schließlich maß sie 2019 ganze 67,10 Meter und ist damit der höchste Baum im Land. Konkurrenz kommt allerdings aus »Klein-Amerika« bei Lautenbach im Renchtal. Und das droht nun der guten Waldtraut das Wasser abzugraben. Denn bei Lautenbach, in dem Gebiet mit dem spaßigen Namen, steht nicht nur eine Super-Douglasie, sondern ganz viele, so wie in Amerika eben. Und es kommt noch dicker: Der Boden im Renchtal ist für Douglasien sehr viel besser geeignet als im Mühlwald in Freiburg, weshalb die Super-Bäume dort viel schneller wachsen. Und so war der zweithöchste Baum Deutschlands 2019 nur wenige Zentimeter kürzer als Madame Waldtraut. Doch 2024 war Waltraud noch immer auf Platz Nummer 1. Aber natürlich kann es passieren, dass die Freiburger Berühmtheit ganz bald nur noch die Nummer zwei ist.

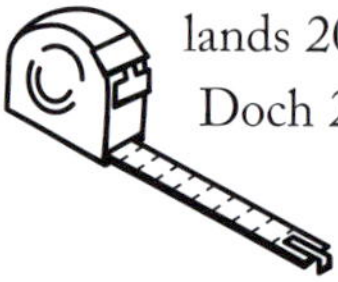

Und doch lohnt der Aufstieg von Freiburg. Es geht ab dem Waldhaus an der Wonnhalde immer der gelben Raute nach. Aber Obacht! Waldtraut übersieht man schnell. Sie steht nämlich inmitten anderer riesiger Douglasien, und nur ein winzig kleines Schild am Wegrand weist auf sie hin. Fast scheint es, als bereite man sich darauf vor, dass die Superbäume bei Lautenbach Waldtraut überholen. Dann ist es aus mit dem Prima-Ballerina-Getue, und da hilft dann auch die Sinus-Liege, die man am Fuße des Baumes aufgestellt hat, um in aller Ruhe nach oben schauen zu können, nichts mehr. Einmal aus, immer aus. Nur eines bleibt sie natürlich: beeindruckend hoch!

Adresse 79100 Freiburg-Günterstal // ÖPNV Tram 2 bis Wonnhalde, dann recht steiler Fußweg bergauf. Wer nur bergab laufen möchte, nimmt den Bus 21 ab Günterstal nach Horben und folgt ab der Haltestelle Kyburg der gelben Raute // Öffnungszeiten frei zugänglich

TIPP: In Günterstal liegt der am schönsten gelegene Spielplatz Freiburgs, der Spielplatz am Wiesenweg, mit Grillstelle und Fußballfeld.

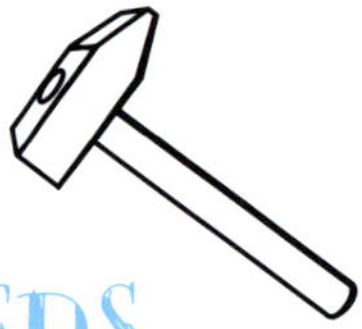

34_DAS GRAB DES GENAGELTEN SCHMIEDS

Sagenhafte Friedhofsgeschichten

Es war einmal ein Schmied, der lebte glücklich mit seiner jungen Frau, bis eines Tages ein junger Schmiedegeselle daherkam. Er bat um Arbeit bei dem alten Meister, der froh war, eine junge, starke Hilfskraft zu bekommen. Und damit begann die Tragödie.

Natürlich verliebte sich der junge Schmied in die junge Gattin des Schmieds, und natürlich verliebte sich auch die junge Frau in den tollen Gesellen. Doch es gab ein Problem: Der alte Schmied war da. Und also war klar: Der Alte muss weg! Gesagt, getan. Standesgemäß wurde dem alten Schmied ein Nagel in den Schädel geschlagen, darum die Haare gewickelt, und keiner bemerkte den Mord.

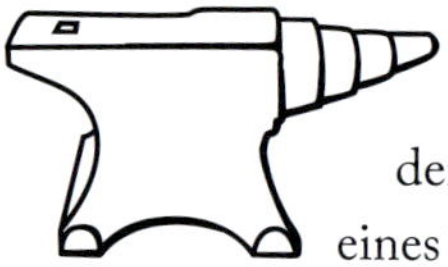

Man begrub den Alten, der Junge bekam seine Gattin, und beide lebten glücklich und zufrieden, bis … ja, es gibt schon wieder ein bis. Denn eines Tages hob man das Grab des Alten aus, um es neu zu belegen, und der Kopf des alten Schmieds fiel auf die Erde. Der Totengräber beachtete ihn zunächst nicht weiter, er war es gewohnt, dass Köpfe rollten. Doch in diesem Fall schaute er genauer hin, denn eine Kröte krabbelte aus dem Schädel. Und der Totengräber sah den Nagel. Flugs wurde der junge Schmied samt seiner Gemahlin verurteilt und geköpft. Und so lebten sie zwar glücklich bis ans Ende ihrer Tage, doch das war eben sehr kurz.

Wo dieses Grab ist? Auf dem Alten Friedhof in Freiburg-Herdern. Gleich gegenüber der Kapelle. Es ist eigentlich nicht zu verfehlen, denn eine Kröte, ein Nagel und ein Totenkopf zieren das Grabkreuz.

TIPP: Gleich ums Eck, noch an der Stadtstraße, liegt der Stadtgarten von Freiburg. Dort gibt es nicht nur das Café Marcel mit leckeren Croissants, sondern auch die Schlossbergbahn, die Groß und Klein nach oben bringt.

Adresse Stadtstraße, 79104 Freiburg, in Laufnähe zur Altstadt // Anfahrt Zugang zu Fuß von der Innenstadt über den Leopoldring in die Stadtstraße // Öffnungszeiten täglich bis 20 Uhr // ab 8 Jahre

35_DIE HOFEIS-DIELE

Am liebsten alle!

Was schmeckt am besten? Das Erdbeersorbet, das Schokoladeneis oder doch eher Joghurt-Heidelbeere? Bei der HofEis-Diele fällt die Entscheidung schwer. Dabei ist die Auswahl gar nicht soo riesengroß. 22 Sorten gibt es insgesamt, und alle werden in einer kleinen Eismanufaktur hergestellt, in Schallstadt, nur wenige Kilometer von der HofEis-Diele entfernt.

Das HofEis ist eine echte Schwarzwälder Erfolgsgeschichte. Die Pächter der Hofwirtschaft auf dem Freiburger Mundenhof, Jeanine und Matthias Rothacker, wollten in ihrer Wirtschaft Eis verkaufen, fanden das gängige Industrieeis, das es zu kaufen gab, jedoch nicht wirklich prickelnd. Also entschieden sie kurzfristig, ihr Eis selbst zu machen. Sie holten den italienischen Eismacher Silvano an Bord und begannen in der alten Schreinerei des Hofes mit einer kleinen Eismaschine, eigenes Eis herzustellen. Es sollte unbedingt regional sein, also mit Milch von Schwarzwälder Kühen und so viel Obst wie möglich aus der Region.

Das Eis schlug ein wie eine Bombe. Die Freiburger und Schwarzwälder lieben die regionale Köstlichkeit, und außer im eigenen Hofladen gibt es das Eis inzwischen auch in einigen kleinen Eis-Boutiquen sowie in ausgesuchten Geschäften. Doch am besten schmeckt es natürlich immer noch dort, wo es erfunden wurde: auf dem Mundenhof.

Adresse Mundenhof, Haus 15, 79111 Freiburg, www.hofeis.de // ÖPNV Bus 19 ab Paduaallee // Anfahrt über den Zubringer Mitte, Ausfahrt Lehen // Öffnungszeiten im Sommer täglich 10–19 Uhr, sonst nach Wetter, Mundenhof frei zugänglich; Eintritt Mundenhof kostenlos, parken 5 Euro, Wochenende 10 Euro

TIPP: Die HofEis-Diele liegt auf dem herrlichen Tierparkgelände des Mundenhofs in Freiburg. Die Tiere haben erfreulich viel Platz, der Eintritt ist kostenlos.

36_DAS SCHWARZWALD-GRAFFITO

Viel zu entdecken

Früher war es eine Industriehalle mitten im Gewerbegebiet von Freiburg. Seit November 2021 ist es ein riesiges Graffiti-Kunstwerk mit Schwarzwaldmotiven! Auf der Rückseite guckt ein Riesenkuckuck neben einer Kuckucksuhr auf den Besucher, daneben stehen Bollenhutfrauen und schauen eher grimmig. Auf der langen Seite des Gebäudes springt eine Kandelhexe auf ihren Stab, daneben sprayt ein junges Mädchen das Münster, und natürlich gibt es auch den Hirschsprung zu sehen, den aus dem Höllental, und der Hirsch röhrt in den Sonnenuntergang über einem Bollenhut. Im Hintergrund sieht man die Berge, nicht in Schwarz, sondern in Braun. Doch das ist künstlerische Freiheit und irgendwie auch ziemlich schräg.

Das »Kompetenzzentrum Tourismus im Schwarzwald« hat sich nicht lumpen lassen, als es seine Hausfassaden gestalten ließ. Im Sommer 2021 hatte es zu einem Wettbewerb aufgerufen, bei dem die sieben besten Sprayer den Auftrag bekamen, die Lagerhallen zu gestalten. Sie durften sprayen, was immer sie wollten, sofern sie nur Schwarzwaldmotive wählten. Und das, was dabei rausgekommen ist, ist nicht nur schräg, sondern auch ganz große Kunst! Denn es sind sieben Street-Art-Werke geworden, die unterschiedlicher nicht sein könnten.

Doch was ist genau das Kompetenzzentrum? Nichts, was für Besucher offen oder spannend wäre. Es ist ein Standort, an dem unterschiedlichste Unternehmen angesiedelt sind. Doch das Gebäude an sich, das lohnt unbedingt den Besuch!

Adresse Wiesentalstraße 5, 79115 Freiburg, www.kompetenzzentrum-tourismus-schwarzwald.info // **ÖPNV** Bus 11 ab Hauptbahnhof // **Öffnungszeiten** frei zugänglich // ab 3 Jahre

TIPP: Nicht weit von der Wiesentalstraße ist das Stadtviertel Sankt Georgen mit einem tollen Schwimmbad mit rundem Becken. Im Winter: die Kinder-Galaxie, ein Indoor-Spielplatz ums Eck (www.kinder-galaxie.de).

37_QUARTIER VAUBAN

Wer wohnt so bunt?

»Mama, sind wir hier bei Pippi Langstrumpf? Oder warum sieht es so kunterbunt aus?« Gute Frage. Und ganz leicht zu beantworten. Wir sind *nicht* bei Pippi Langstrumpf, sondern im farbenfrohsten Stadtviertel Freiburgs, dem Quartier Vauban. Früher gab es an dieser Stelle eine riesige Kaserne, die zwischen Ende des Zweiten Weltkriegs und 1992 von der französischen Armee für ihre Soldaten genutzt wurde. Im Rahmen der deutschen Wiedervereinigung zogen die Franzosen ab, und eine riesige Fläche, in sehr attraktiver Lage, wurde frei. Ein paar der alten Gebäude hat man erhalten. Der Großteil aber fiel einer Abrissbirne zum Opfer.

Lange war überlegt worden, was mit der frei gewordenen, sehr großen Fläche gemacht werden solle. Und dann kam die Lösung! Man wollte ein neues Stadtviertel bauen, ganz nach ökologischen Richtlinien und mit viel Freiraum in der Gestaltung. Heute ist das Quartier Vauban ein Vorzeigeviertel in puncto Ökologie. Mit Solar- und Passivbauhäusern, mit irre viel Grünflächen und überall autofrei, wo es nur ging.

Und noch eins ist das Viertel: wirklich kinderfreundlich. Denn überall dort, wo weder Häuser noch Straßen sind, wurde irgendwas für Kinder erschaffen, mal ein Bolzplatz, mal ein kleiner Spielplatz. Das Schönste aber ist der Dorfbach, an dem man im Sommer spielen kann. Dort gibt es Gemeinschaftsgärten, eine Pferdekoppel und den Kinderabenteuerhof, ein tolles Freizeitprojekt, wo Kinder ihrem Alter gemäß bei der Tierfütterung helfen, basteln und spielen können.

TIPP: Oberhalb von Vauban liegt das Jesuitenschloss mit einem großen Open-Air-Restaurant. Wenn das geschlossen ist, bleibt das Hallenbad in Merzhausen – auch ums Eck.

Adresse Quartier Vauban, 79110 Freiburg, barrierefrei, www.kinderabenteuerhof.de // **ÖPNV** Tram 3 ab Hauptbahnhof // **Öffnungszeiten** frei zugänglich // ab 3 Jahre

38_DIE HEXENLOCHMÜHLE

Es klappert die Mühle am rauschenden Bach

In einem ganz engen Tal, an einem halbwilden Bach steht eine Mühle, die ein kleines bisschen aussieht, als wäre sie ein Hexenhaus. Mit Schindeln verkleidet, die Fenster geschmückt. Und im Inneren? Gibt es köstliche Kuchen und Eisbecher. Fast also wie bei Hänsel und Gretel. Dabei ist die Hexenlochmühle gar kein Hexenhaus, sondern eine alte Sägemühle. Sie wurde vor fast 200 Jahren im Jahr 1825 gebaut und funktioniert bis heute, auch wenn sie nicht mehr in Betrieb ist. Aber anschauen kann man sie sich natürlich. Von außen die Mühlräder, von innen das Sägewerk.

Alle Mühlen des Schwarzwalds haben nur ein Mühlrad. Die Hexenlochmühle aber hat zwei, das macht sie zu etwas Besonderem. Und beide Mühlräder treiben die Hochgangsäge, sofern man sie arbeiten lässt, an. 300 Liter fließen bei richtigem Wetter pro Sekunde ins vier Meter hohe Räderwerk. Was für unglaubliche Kräfte werden da freigesetzt! Die braucht man aber auch, wenn man große Stämme durchsägen möchte.

Und was hat das jetzt alles mit Hexen zu tun? Gar nichts. Oder doch, ein bisschen schon. Denn das Tal, in dem die Mühle steht, heißt Hexenloch. Weil es so eng ist und so düster, dass darin nur Hexen hausen können. Außerdem liegt die kleine Schlucht nicht weit entfernt vom Kandel, der ja bekanntermaßen ein Hexenberg ist. Insofern kann es also schon sein, dass mal eine Hexe ums Eck schaut. Aber Angst braucht dennoch niemand zu haben. Denn bei Anbruch der Dunkelheit ist sie garantiert wieder weg. Und vorher würden sie es niemals wagen herumzugeistern.

TIPP: In Sankt Märgen, acht Kilometer von der Mühle entfernt, liegt das herrliche Café Goldene Krone, wo es köstliche, von Landfrauen gebackene Kuchen und Torten gibt!

Adresse Hexenloch 13, 78120 Furtwangen, Tel. 07723/7322, www.hexenlochmuehle.de // Anfahrt über Simonswald und Furtwangen // Öffnungszeiten Café täglich 10–18 Uhr, warme Küche von 11.30–17 Uhr, freier Zugang zur Mühle

39_DER WASSERSPIELPLATZ

Halt nicht im Winter, wenn es schneit …

Heiß! Unerträglich heiß ist es manchmal selbst hier oben in Furtwangen. Und was ist dann schöner, als sich im frischen Wasser der Breg abzukühlen? Nichts. Eben! Aber einfach nur so im Fluss planschen ist zwar ganz schön, viel besser aber ist es doch, dass mitten im Zentrum von Furtwangen ein Wasserspielplatz in der Breg liegt, in diesem kleinen, hier oben noch sanft fließenden Fluss, der später zur Donau wird.

Der Furtwanger Wasserspielplatz ist angelegt, als wäre er ein kleines Amphitheater im Halbrund. Das macht seinen ganz besonderen Reiz aus. Noch schöner aber ist, dass für jedes Kind, egal welchen Alters, das Passende dabei ist. Während die ganz Kleinen einfach nur schippern können und mit den Händen ins Wasser platschen, können die Großen Staudämme bauen. Es gibt mehrere Wehre und Staumauern, eine Pumpe, um das Wasser der Breg nach oben zu transportieren, damit es in kleinen Kaskaden und über Kanäle und durch Steine langsam wieder nach unten laufen kann. Außerdem gibt es eine Wasserschnecke, mit der man das Wasser durch Drehen nach oben befördert, und kleine Fontänen, die die meisten Kinder, egal wie alt, zum Quietschen bringen. Und wem das nicht reicht, ja, auch so was soll es geben, der kann auf großen flachen Steinen in der Breg von einem Ufer ans andere hüpfen.

Die Mamas und Papas sitzen unterdessen im Halbrund des Amphitheaters und lassen entspannt die Füße im Wasser baumeln, ein leckeres Eis in der Hand.

TIPP: Die Bregquelle, also die vermeintliche Donauquelle, liegt rund sechs Kilometer nördlich von Furtwangen. Dort kann man ein Bötchen ins Wasser setzen, das dann zum Wasserspielplatz fließt – wahrscheinlich schneller, als man selbst dort ist.

Adresse Marktplatz, 78120 Furtwangen // **ÖPNV** Bus 61 ab Villingen // **Anfahrt** über B 500 // **Öffnungszeiten** frei zugänglich

40_DER UNIMOG-PARCOURS

Es rüttelt und schüttelt

Drei Stufen sind es ins Unimog-Glück. Doch die muss man klettern. Ist man aber erst einmal im Fahrerhäuschen, dann heißt es anschnallen, und los geht die Fahrt! Zuerst geht es über eine Rampe. Das Fahrzeug steht fast im 45-Grad-Winkel. Uarrgggh: Kippt es? Kippt es nicht? Es kippt – aber nein, es kippt doch nicht, auch wenn es sich so anfühlt und man als Beifahrer Angst hat, durch das Fenster nach draußen zu fallen. Aber Gott sei Dank: Die Tür ist zu! Und der Unimog tatsächlich stabil. Er fällt nicht um und fährt dann weiter.

Nach der Schräglage kommen die Baustämme. Hoch, runter, hoch, runter. Dann folgen die Fahrrillen, riesig große Rillen, und der Unimog wackelt. Die Insassen werden hin und her geschleudert. Aber das macht nichts, das gehört einfach dazu. Und dann kommt das, was man sich nicht vorstellen kann. Es geht nämlich über eine Treppe nach oben. Über eine richtige Treppe! Das Riesending mit Motor meistert aber auch das mit Bravour. Das beeindruckt so sehr, dass man beim Bergabfahren fast nicht glauben mag, dass der Unimog noch immer nicht kippt, dieses Mal nach vorne.

Um auf dem Unimog-Parcours mitfahren zu können, muss man ins Unimog-Museum. Und das ist mindestens so spannend wie das Fahren mit der Maschine. Die Erwachsenen sind beeindruckt von der Technik, die Kinder von der Größe der Maschinen. Und nach absolviertem Parcours können die Kleinen herumrennen und zwischen Rädern Verstecken spielen. Na ja, im Museum selbst vielleicht nicht, aber draußen geht das ja auch!

TIPP: Im Kurpark, nicht weit vom Museum, gibt es einen Minigolfplatz, Spielplatz, Bouleplatz und Biergarten, alles in unmittelbarer Nähe.

Adresse Unimog-Museum, B 462, 76571 Gaggenau, Tel. 07225/981310, https://unimog-museum.com // **ÖPNV** S-Bahnen 8/81 ab Karlsruhe // **Öffnungszeiten** Di – So 10 – 17 Uhr; Eintritt Erwachsene 7,50 Euro, Kinder 6,50 Euro, Museum barrierefrei, Parcours fahren geht nur mit Voranmeldung und kostet extra

41_DER ZAPFEN-BASKETBALLKORB

Unterwegs mit dem Räuber Hotzenplotz

Wie viele Tannenzapfen passen in einen Hut? Spoileralarm: unendlich viele! Warum? Weil unten ein Loch ist und alle Tannenzapfen durchfallen. Ist das fies? Nein! Das ist der Räuber Hotzenplotz. Der

macht so was! Der ist schließlich ein wilder Räuber und Kaffeemühlendieb. Außerdem hat er einen Schatz geraubt und in einer Höhle versteckt. Das passt dem Kasperl und dem Seppel gar nicht, und deshalb folgen sie ihm.

Der Räuber reagiert natürlich, er will seinen Schatz ja behalten, und flugs hat er sich ein Ablenkungsmanöver ausgedacht und seinen Hut in den Wald gehängt. Hotzenplotz glaubt doch tatsächlich, Kasperl und Seppel würden auf diesen Basketballkorbtrick reinfallen. Tun sie aber nicht. Sie sind doch schlau und kennen die Fallen des wilden Mannes.

Also geht es weiter durch den Wald, immer der Nase des Räubers nach. Denn die zeigt einem den Weg. Unterwegs gibt es insgesamt elf Stationen, an denen kleine Rätsel warten, und jedes Rätsel ergibt einen Buchstaben. Alle zusammen ergeben ein Lösungswort, das man auf dem »Kleinen Räuber-Hotzenplotz-Pfad« erraten muss, um an den Schatz zu kommen.

Das kann man einfach so, auf diesem wunderbaren, vier Kilometer langen Weg, oder aber man holt sich einen Entdecker-Rucksack in der Touristeninformation von Gengenbach und zieht damit los. Doch ganz gleich, wofür man sich entscheidet: Spaß machen tut's auf jeden Fall. Und das Lied vom Räuber Hotzenplotz gibt es als Ohrwurm gratis dazu!

Adresse Strohbach, 77723 Gengenbach // Anfahrt über die B 33 // Öffnungszeiten frei zugänglich // ab 4 Jahre

TIPP: Ganz nah am kleinen gibt einen zweiten Räuber-Hotzenplotz-Pfad: Er ist eher für Jugendliche und Erwachsene, auch vier Kilometer lang, und führt zu kleinen, schönen Biotopen. Zwischen beiden Wegen liegt die große Streuobstwiese der Großmutter, mit Löschteich und Großmutters Erklärungen zu den Obstbäumen.

42_DAS DUNKLE LABYRINTH

Der Tastsinn ist gefragt!

Wie es wohl wäre, wenn man nichts mehr sehen kann? Wenn um einen herum nur noch die totale Finsternis herrscht? Alles schwarz. Ohne Konturen, ohne Schatten, ohne alles. Die Bergleute, die früher im Schwarzwald in die Bergstollen mussten, zum Beispiel um Silber abzubauen, konnten zumindest zu Beginn auch nichts sehen. Sie mussten lernen, sich im Stockfinsteren zurechtzufinden und im schlimmsten Fall sogar in der Dunkelheit arbeiten. Nun muss man heute kein Bergmann mehr sein, um das Schwarz zu erleben. Es reicht, wenn man ins »Schwarzwaldhaus der Sinne« geht. Denn da gibt es ein dunkles Labyrinth. Stockfinster!

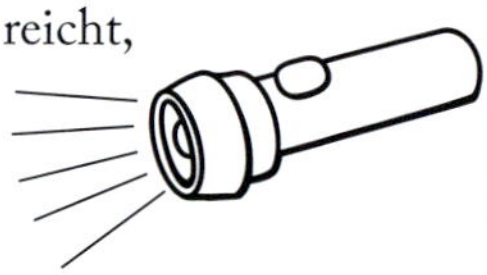

Sobald sich der dichte Vorhang hinter einem schließt, heißt es: Sinne an! Die Füße ertasten den Weg, die Hände suchen nach Halt. Ups! Der Boden wird weich. Gibt nach. Was das wohl ist? Und dann das: Da hängen Schaumstoffbalken von der Decke. Es folgt eine Schrecksekunde, bevor man sich wieder berappelt und das Herz wieder im Takt schlagen kann. Denn im Dunklen zu gehen, ist sehr viel gruseliger, als man das im Vorhinein vermuten möchte.

Wie gut, dass es deshalb auch erfrischend witzige Sinneserlebnisse im Schwarzwaldhaus gibt. Einen schwebenden Ball zum Beispiel, oder einen Resonanzkasten, bei dem man Klang fühlen kann. Wer sich allerdings ganz der Dunkelheit hingeben möchte, kann das Labyrinth ja auch ein zweites Mal laufen. Und sehen: Es wird dann schon leichter. Und das ist doch beruhigend, oder?

Adresse Schulstraße 1, 79865 Grafenhausen, Tel. 07748/52047, www.schwarzwaldhausdersinne.de // ÖPNV Bus 7343 ab Seebrugg // Anfahrt über Waldshut oder Rothaus // Öffnungszeiten variieren nach Jahres- und Ferienzeit, Webseite konsultieren, aber generell meist Do–Mo 11–17 Uhr; Eintritt Erwachsene 8,50 Euro, Kinder bis 15 Jahre 4,50 Euro, Familienkarte 17 Euro

TIPP: Am Tannenmühleweg gibt es einen Wasserspielplatz, ein kleines Museum, Tiere zum Streicheln und vor allem viele Bagger zum Sandbuddeln (kostenlos, Bagger 1 Euro).

43_DAS HAUS DER BOLLENHUTMACHERIN

Altes Handwerk neu entdeckt

Jeder kennt ja diese riesigen roten Bollenhüte, oder? Sie sind schließlich *das* Symbol für den Schwarzwald. Aber wer weiß denn noch, wie man so etwas macht? Gabriele Aberle weiß es ganz sicher, denn sie ist eine der letzten Bollenhutmacherinnen des Schwarzwalds. Natürlich hat sie auch zu Hause eine Werkstatt, aber viel lieber kommt sie in die wunderschöne Stube des Vogtsbauernhofs, der ihr zur zweiten Heimat geworden ist. Das macht sie nicht nur, weil sie hier ein paar Mal im Jahr Leuten zeigen kann, wie die alte Kunst funktioniert, sondern auch, weil sie diese alte Stube so unglaublich mag. Und das versteht jeder, der hierherkommt, denn schließlich ist sie seit den 1960er Jahren kaum verändert worden und so schön wie eh und je.

Nebenan ist die alte Küche des Hofs, eine Rauchküche. Sie ist schwarz vom Ruß der Jahrhunderte, klein und befindet sich unter einem Gewölbe. Die Küche ist so alt wie der Hof, nämlich über 400 Jahre, und auch sie mag Gabriele Aberle sehr, denn sie findet, hier wie im ganzen Hof spürt man die Geschichte des Schwarzwalds. Und sie hat recht.

Das Haus der Bollenhutmacherin ist der einzige Hof im Freilichtmuseum, der an seinem Originalstandort steht. Alle anderen Höfe wurden an ihren ehemaligen Standorten ab- und aufwendig hier wieder aufgebaut. Und damit man nicht nur alte Höfe im Museum bestaunen kann, sondern auch altes Handwerk erlernen, gibt es für Kinder und Erwachsene jede Menge toller Workshops sowie eine Mitmachwerkstatt jeden Sonntag.

TIPP: Fünf Minuten zu Fuß vom Museum findet sich eine 1.190 Meter lange Sommerrodelbahn. Mit dem Lift geht's nach oben, durch Tunnels und Jumps nach unten! www.sommerrodelbahn-gutach.de, 4 Euro, Kinder 3 Euro/Fahrt.

Adresse Schwarzwälder Freilichtmuseum Vogtsbauernhof, Wählerbrücke 1, 77793 Gutach (Schwarzwaldbahn), Tel. 07831/93560, www.vogtsbauernhof.de // **ÖPNV** Schwarzwaldbahn ab Offenburg // **Anfahrt** über die B 33 // **Öffnungszeiten** täglich 9–18 Uhr, im Winter geschlossen; Eintritt Erwachsene 12 Euro, Kinder ab 6 Jahre 6,50 Euro, Material für die Mitmachwerkstatt und Workshops extra // ab 4 Jahre

44_DIE FALLER-MINIATURWELT

Wer hat mehr Spaß? Der Spross oder der Papa?

Faller – Miniaturwelten. Kennt man, oder? Die mit der gelben Schrift auf schwarzem Grund und den rot-gelben Streifen rechts. Es ist quasi die Miniatur-Konkurrenz zu den bekannten Märklin-Bahnen. In Gütenbach im Schwarzwald haben die Fallers ihren Firmensitz – und einen großen, hellen Verkaufs- und Showroom. Und in diesen Räumen sind viele wundervolle Miniaturwelten ausgestellt. Groß und Klein stehen fasziniert vor wundervollen Schaukästen und schauen, wie Busse und Bahnen, Lkw und Pkw durch winzig kleine Welten fahren.

Aber es ist nicht nur die Bewegung, die fasziniert. Es sind die Details. Da werden Städte wirklich mit all ihren großen und kleinen Besonderheiten nachgebaut, das Riesenrad blinkt und dreht sich, und obwohl die Menschen kaum mehr als zwei oder drei Zentimeter groß sind, kann man auf ihren winzigen Gesichtern bisweilen sogar Emotionen erkennen.

Um hier wirklich kaufen zu wollen, braucht es erst einmal das Wissen, wie diese Miniaturwelten funktionieren. Zum Aufbau ist ein unglaubliches Fingerspitzengefühl notwendig und jede Menge Geduld. Doch das Schöne am Faller-Showroom ist: Hier muss gar niemand kaufen. Man kann einfach nur zuschauen, wie die Autos ihre Runden fahren, und dabei in fremden Welten versinken. So als wäre man mal kurz in Paris, in den Alpen oder in London. Kopfreisen sind etwas Wunderbares, wenn es in der Realität mal nicht geht.

TIPP: Circa drei Kilometer entfernt liegt mitten im Wald der »Balzer Herrgott«, ein Jesus-Kreuz, das in einen Baum eingewachsen ist und dem man mystische Kräfte nachsagt.

Adresse Kreuzstraße 9, 78148 Gütenbach, Tel. 07723/6510, www.faller.de // ÖPNV Bus 7270 ab Furtwangen // Anfahrt über die L 173 // Öffnungszeiten Mi–Fr 11–16 Uhr, Sa 11–15 Uhr, Eintritt frei // ab 3 Jahre

45_DER BOHRERHOF

Wie viele Kürbisse ergeben einen Dinosaurier?

Spätestens ab Mitte September ist es so weit: Die Kürbisse werden geerntet und aufgebaut – zu riesigen Dinosauriern, Krokodilen, Adlern oder auch mal zu Hollywoodstars wie Marilyn Monroe oder Elvis Presley. Denn was auch immer der Bohrerhof im restlichen Jahr ist, im Herbst ist er das Kürbisparadies! Dann werden Tausende, wenn nicht Zigtausende Kürbisse zu großartigen Gebilden zusammengefügt, und der ganze Hof leuchtet in Orange, Gelb und Grün. Und mittendrin steht eine riesige Weltkugel.

Im Frühjahr füllt man die Weltkugel auch mal mit Spargel oder Rhabarber, denn schließlich will der Hof ja geschmückt sein. Und das wird er mit dem, was es hier zu kaufen gibt: im Herbst mit Kürbis und Feldsalat, im Frühjahr mit Spargel und jungen Kartoffeln. Nur in ein Gewand packt man den Riesenhof nie, in das einer Schwarzwälder Kirschtorte. Und das, obwohl man hier ganz wunderbar köstliche Exemplare kaufen und verspeisen kann. Aber nicht nur das, sondern auch Linzertorte, Apfelkuchen oder Bauernbrot, größtenteils selbst gemacht.

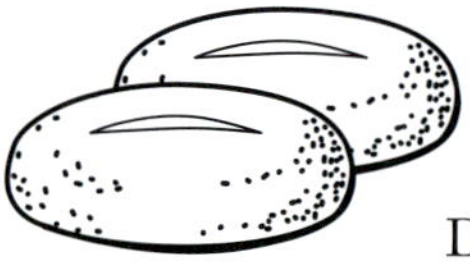

Der Bohrerhof ist vieles: Hofladen, Ausstellungsort, Eventlocation, Kürbisskulpturenpark, Spielplatz, Restaurant und Café. Nur eines ist er nie: langweilig. Denn es gibt so viel zu entdecken, zu kaufen und zu schauen, dass einem fast schwindelig wird. Zum Glück aber eben nur fast.

TIPP: Nicht weit von Feldkirch liegt der Kurort Bad Krozingen. Im Kurpark findet man ebenfalls Skulpturen, allerdings meist aus Blumen statt aus Kürbissen.

Adresse Zum Bohrerhof 1, 79258 Hartheim, Tel. 07633/923320, www.bohrerhof.de // **Anfahrt** A 5, Ausfahrt Bad Krozingen // **Öffnungszeiten** täglich 8–22 Uhr, der Hofladen ist bis 19 Uhr geöffnet; Eintritt frei

46_DIE NATUR-KÜHLSCHRÄNKE

Echt cool!

Da wandert man so fröhlich vor sich hin, die Sonne scheint, die Kinder jammern: »Ich hab Duuuuuurrrrst!« Und man denkt: »Hach ja, so eine kalte Apfelschorle, das wäre doch jetzt was Tolles!« Und schwups, steht man vor einem Kühlschrank. Einfach so. Mitten in der Natur. Na ja, nicht ganz in der Natur. Denn ein Haus steht auch in der Nähe. Aber kein Strom weit und breit, und der Kühlschrank ist aus Holz. Wasser aus einer Quelle fließt hindurch, die direkt neben dem Häuschen aus dem Boden sprudelt.

Es kostet zumindest beim ersten Mal ein bisschen Überwindung, den Kühlschrank zu öffnen. Denn eigentlich sieht er aus wie ein privates Gartenhäuschen, und da möchte niemand so einfach hineingreifen. Doch kaum öffnet sich die Tür, weiß man: Es war die richtige Entscheidung. Denn der Kühlschrank ist voll köstlicher Dinge. Man nimmt sich ein Getränk, meist werden Apfelschorle, Spezi, Bier und Schnaps angeboten, und zum Beispiel eine Nussecke zum Essen oder ein Vesperbrot. Man wirft das dafür geforderte Geld in ein kleines Kästchen, sucht sich eine Bank und kann erst mal in aller Ruhe vespern.

Naturkühlschränke wie die bei Hausach findet man überall im Schwarzwald. Die Art der Kühlung, nämlich durch frisches Quellwasser, über das ein Holzschrank gebaut wird, ist althergebracht. Schließlich ist Strom noch gar nicht soo lange in den Bergdörfern zu finden. Und so greift man auf Altbewährtes zurück, um ein wenig die Haushaltskasse aufzubessern – und natürlich, um Wanderern eine Freude zu machen.

TIPP: Am Ortsrand von Hausach gibt es einen Abenteuerweg mit Burg, Grillhütte, Spielplatz und Wassertretstelle.

Adresse Hauserbachstraße 52 und 57, 77756 Hausach // **Anfahrt** über den westlichen Ortseingangskreisel auf die Dorfstraße, Wanderer kommen auf dem Hausacher Bergsteig an den Kühlschränken vorbei // **Öffnungszeiten** frei zugänglich

47_DIE HÖLLENTALBAHN

Die Bahn der Superlative

Im Himmelreich steigt man ein, sucht einen Sitzplatz am besten im Obergeschoss der Bahn und fährt dann durch die Hölle. Durch eine unglaublich malerische Hölle. Vorbei an einem Hirsch, der aus Bronze gegossen wurde und auf einem Felsensporn thront (und der in uralten Zeiten über die Schlucht gesprungen sein soll), geht es durch eine enge Schlucht steil bergauf. So steil, dass man sie lange Zeit nur mit einer Zahnradlok hat fahren können. Überhaupt ist die Bahnstrecke von Himmelreich über das Höllental bis Hinterzarten ein Meisterwerk der Ingenieurskunst. Schon im 19. Jahrhundert wollte man die Strecke ausbauen, doch das Tal galt als zu steil und zu undurchdringlich. Also ließ man es bleiben.

Doch dann kam der Karlsruher Robert Gerwig und sah das ganz anders. Er nahm die Herausforderung an, sprengte Tunnel in die Felsen, schuf das großartige Viadukt über die Ravennaschlucht und baute eine Zahnradbahn, die 1887 eröffnet wurde. Bis heute gilt der Teilabschnitt zwischen Himmelreich und Hinterzarten mit Steigungen von mehr als 57 Prozent als die steilste Hauptbahn im deutschen Schienennetz.

Ein Superlativ reicht jedoch nicht! Den zweiten findet man im Bärental. Dorthin fährt die Höllentalbahn nämlich weiter, wenn sie Hinterzarten und Titisee passiert hat. Und der Bahnhof von Bärental ist der höchstgelegene Bahnhof Deutschlands auf 967 Meter. Grund genug zu feiern! Am besten mit einem Eis, das man sich beim Bäcker mit Bollenhut gegenüber kaufen kann.

Information Die Höllentalbahn fährt im 30-Minuten-Takt ab Freiburg bis Titisee. Dahinter spaltet sie sich. Alle 60 Minuten geht es abwechselnd über Bärental nach Schluchsee oder weiter Richtung Titisee-Neustadt, teilweise barrierefrei, Fahrpläne auf www.bahn.de

TIPP: Von Bärental fährt der Bus 7300 zum Feldberger Hof, Dr.-Pilet-Spur 1, 79868 Feldberg. Dort gibt es einen schönen Waldseilgarten (für Kinder ab 90 Zentimeter) sowie den Wichtelpfad im Auerhuhnwald (wichtelpfad.info, nicht kinderwagentauglich), beides im Winter gesperrt. Dann den Indoor-Spielplatz des Feldberger Hofs aufsuchen – oder Ski fahren!

48_DIE RIESENWURZEL

Auf der Suche nach Evernius Flechtel

Wer sich wohl hinter der Riesenwurzel versteckt? Ist das etwa Evernius Flechtel, das Waldwichtelmännchen? Denn das lebt im Wald von Hinterzarten. Und natürlich kennt es hier alle guten Verstecke. Also, lieber einmal zu oft hinter die Wurzel schauen, ob das kleine Wichtelmännchen sich dort versteckt hat. Aber nein, da ist es nicht. Stattdessen hüpft ein Eichhörnchen herum. Nanu? Und noch eins. Das ist ja eine ganze Herde! Schnell, die Hand ausgestreckt, und schon sind sie alle wieder fortgehuscht!

Auf dem Naturlehrpfad in Hinterzarten kann man vieles auf ganz spielerische Weise erkunden. Einen Adlerweiher zum Beispiel, oder ein Baumtelefon. Es gibt auch eine Höhle aus Weidenästen. Am schönsten aber ist ganz klar die Riesenwurzel, die mitten im Wald liegt und so hoch wie zwei Mütter ist, umgeben von einem kleinen Moor. Einst hatte ein Sturm den riesigen Baum umgeworfen, dessen Wurzeln in die Höhe ragen und ein riesiges Schild mitten im Wald bilden. Doch statt ihn zu entfernen, hat man sich in Hinterzarten entschieden, ihn einfach liegen zu lassen, nicht nur, weil er so malerisch ist, sondern auch, weil man so ganz wunderbar sehen kann, wie die Wurzeln sich winden, damit sie sich in der Erde verkeilen können.

Der ganze Pfad ist vier Kilometer lang, kinderwagentauglich sind die ersten eineinhalb davon. Dort findet man auch die meisten Naturphänomene. Am Ende dieses ersten Streckenabschnitts befindet sich ein riesiger Spielplatz mit Grillstelle.

TIPP: Sommers wie winters wird in Hinterzarten Ski gesprungen. Die Adler-Schanze ist frei zugänglich und so ist man ganz nah dran!

Adresse 79856 Hinterzarten, der Pfad beginnt am Kurhaus, die Wurzel liegt auf den ersten 1,5 Kilometern neben dem Weidentunnel // **ÖPNV** Höllentalbahn ab Freiburg // **Anfahrt** über die B 31 // **Öffnungszeiten** frei zugänglich // ab 2 Jahre

49_DAS GRÖSSTE KLO DER WELT

Die Nasszelle als Star

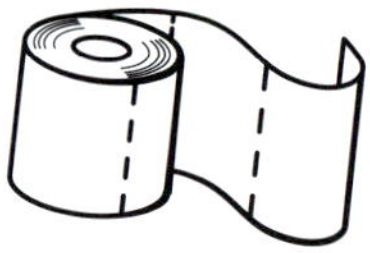

Wer sich für Architektur begeistert, wird vor allem von dem verspiegelten, trapezförmigen Bau begeistert sein, der vom französischen Stararchitekten und Designer Philippe Starck entworfen wurde. Die Kinder aber freuen sich darüber, aus dem größten Klo der Welt nach unten schauen zu können. Ja, das ist wirklich möglich! Denn im »Duravit Design Center« wird der Klobesuch zum Erlebnis. Die Bäder, die man in der Ausstellung ansehen kann, sind alles andere als Meterware. Doch Badezimmer kann ja jeder, hat man sich bei Duravit gedacht, und das Riesenklo erschaffen, dessen oberer Sitzrand eine großartige Aussichtsterrasse ist.

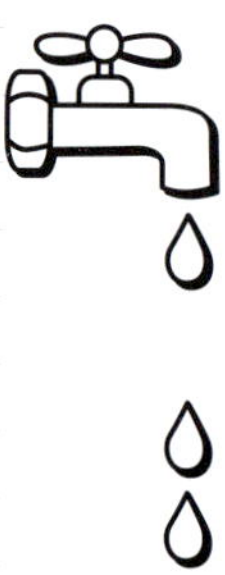

Wer durch das Center läuft, kann sich Bäder anschauen, aber auch andere witzige Design-Ideen, die von Philippe Starck oder einem seiner Kollegen, darunter der berühmte Sir Norman Foster, kreiert wurden. Aber das Beste am Duravit Design Center ist neben der Aussichtsterrasse vom megamonstergroßen Klo die Bäderwelt zum Ausprobieren. Denn man kann nicht nur probeduschen wie anderswo, sondern sogar probebaden. Handtücher, Bademantel, Pantoffeln, Shampoo, Duschgel, Bodylotion und Fön werden gestellt. Man muss also nur seine Badekleidung mitbringen, um in den Genuss des echten Badegefühls zu kommen, das man hätte, würde man das Bad denn kaufen. Aber das muss natürlich niemand. Man darf sie einfach ausprobieren.

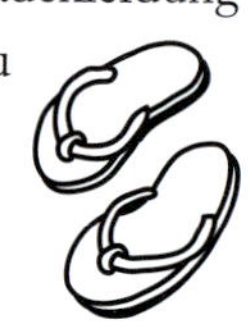

Adresse Werderstraße 36, 78132 Hornberg, Tel. 07833/700, www.duravit.de, Klo frei zugänglich // ÖPNV Schwarzwaldbahn ab Offenburg // Anfahrt über die B 33 // Öffnungszeiten Design-Center Mo–Fr 8.30–16.30 Uhr und Sa 12–16 Uhr, Klo von außen frei zugänglich; Eintritt kostenlos, fürs Probebaden muss man reservieren

TIPP: Direkt hinter dem Center thront Burg Hornberg, wo einst das Hornberger Schießen stattgefunden hat. Die Burg ist frei zugänglich, und man hat einen sagenhaften Ausblick.

50_DIE FLUGZEUGWIESE

Flieger zum Anfassen nah

Es ist schon gut, wenn man vorher auf den Flugplan des »Baden Airparks« schaut, um zu wissen, wann Flugzeuge landen, denn soo frequentiert ist der Flughafen nicht. Aber wenn man es weiß, darf man sich auf Spektakuläres einstellen, denn direkt hinter der Landebahn ist eine frei zugängliche Wiese. Hierher kommt man bequem mit dem Auto, dem Rad oder zu Fuß, kann seinen Picknickkorb auspacken und warten. Aber nicht zu lange. Denn plötzlich kommt die Maschine. Zuerst sieht man nur die Lichter, dann gesellt sich ein schwarzer Punkt dazu, und plötzlich tauchen die Flügel auf. Ganz schön tief ist die Maschine schon. Die wird es doch wohl noch bis zur Landebahn schaffen? Und dann kommt sie angerauscht mit einem Heidenkrach! Kawummmmm fliegt sie über den Kopf hinweg, unweigerlich duckt man sich, und keine 300 Meter später landet sie auf dem Asphalt. Geschafft!

Und was ist, wenn man an einem Tag kommen möchte, wo es kaum offizielle Landungen gibt? Dann ist das auch nicht schlimm, denn den übenden Privatfliegern, kleinen Propellermaschinen mit gläserner Schnauze, die über einen hinwegschweben, kann man immer zuschauen. Nicht ganz so groß, nicht ganz so laut, nicht ganz so spektakulär. Dafür sind sie aber noch viel näher am Boden, sodass man sogar die Piloten sehen kann. Nicht so groß, dass es für eine Gegenüberstellung reichen würde, aber doch groß genug, um beeindruckt zu sein.

Adresse Cabot Trail beim Heiligenbuck, 76549 Hügelsheim, barrierefrei, Flugzeitentracker: www.baden-airpark.de/passagiere-und-besucher/aktuelle-fluege/tagesaktueller-flugplan/#ankunft (interessant sind die Landungen, die Starts sind zu weit weg) // Anfahrt über die A5, Ausfahrt Baden-Baden; von Hügelsheim kommend Richtung Flughafen von der Dieter-Rückle-Straße rechts auf den Cabot Trail abbiegen. Dort gibt es Parkmöglichkeiten. // Öffnungszeiten frei zugänglich

TIPP: Der Rhein ist keinen Kilometer entfernt. Man kann Schiffen zuschauen und im Sommer im Erländersee, gleich daneben, baden.

51_DIE MAMMUTBÄUME

Groß, größer, Mammut!

Mammutbäume? Was ist das denn? Sind das die Bäume, an die sich Peach bei Ice Age zusammen mit ihren Opossum-Geschwistern drangehängt hat? Oder wurden sie einfach nur nach Manni und Peach benannt?!

So viel sei schon mal verraten: Die Mammutbäume im Liliental haben nichts, aber auch gar nichts mit Ice Age zu tun. Und es gibt auch nicht nur einen Mammutbaum, sondern gleich einen ganzen Mammutwald. Und das kam so: 1957 kaufte das Land Baden-Württemberg das Lilienthal. Sinn und Zweck des Kaufs war, ein Versuchsgelände für Pflanzenkulturen zu schaffen und ortsfremde, seltene Pflanzen anzusiedeln, darunter der Mammutbaum. Die Samen stammten direkt aus Kalifornien, wo die Bäume normalerweise wachsen. Sie werden dort 3.000 Jahre alt und heißen deshalb Mammutbäume, weil sie einfach riesengroß sind. Bis zu 100 Meter hoch können sie werden. Und das ist einfach gigantisch!

Ins Liliental kamen sie 1960. Man hatte die Samen im Stuttgarter Fasanengarten gesät und dann im Kaiserstuhl auf einer Fläche von 1,2 Hektar ausgeplatzt. Daraus entstand ein riesiger Wald. Und der wächst und wächst. Das Besondere an dem riesigen Nadelbaum ist der rote Stamm mit einer ganz besonders faserigen Rinde, die den Giganten vor Feuer schützt. Denn da, wo der Baum herkommt, gibt es häufig Waldbrände. Und nach oben hin wird er immer buschiger. Natürlich gibt es im Liliental viele andere tolle Pflanzen, wilde Orchideen zum Beispiel. Aber der Mammutbaum ist ganz klar die Nummer eins.

TIPP: In Ihringen (Martinshöfe 2) gibt es eine tolle Strauße mit großem Spielplatz und sehr leckerem Essen vom eigenen Hof (www.martinshof-ihringen.de).

Adresse Liliental, 79241 Ihringen // **Anfahrt** auf halber Strecke zwischen Ihringen und Wasenweiler // **Öffnungszeiten** frei zugänglich // ab 4 Jahre

52_DIE ISTEINER SCHWELLEN

Badespaß am wilden Rhein

Früher, als es den Rheinseitenkanal noch nicht gab, waren die Stromschnellen in Istein eine echte Gefahr für die Schifffahrt. Denn die Wasserfahrzeuge mussten zwischen riesigen Felsresten hindurchsteuern, blieben oft genug an den letzten Überbleibseln des Jura-Massivs hängen und konnten nicht weiter gen Norden schippern. Heute ist das anders. Heute gibt es einen großen Kanal, ohne jeden Felsen, der die Schifffahrt ganz einfach gemacht hat. Und der alte Rhein? Den hat man zum Glück so gelassen, wie er ist, mit Felsresten und Kiesbänken.

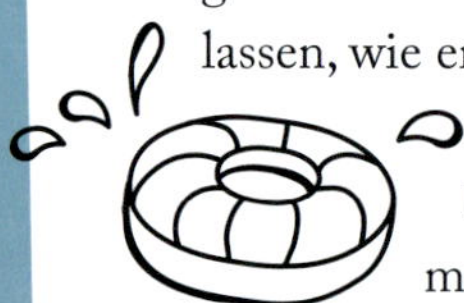

Und genau da kann man es sich so richtig gut gehen lassen. Im Sommer, wenn das Wasser niedrig ist, kann man auf den Kiesbänken liegen, im Wasser planschen, mit dem Bagger die kleinen Steine von A nach B fahren und sogar zu den Rheininseln laufen. Sobald es aber regnet, oder im Frühjahr nach der Schneeschmelze, ist es aus mit dem Badespaß – viel zu gefährlich! Aber staunen und den wilden Rhein beobachten kann man auch dann. Das ist richtig spannend. Mit viel Wasser rauscht er wild und zieht voller Wucht an einem vorbei, springt über die Felskappen, die aus dem Wasser stehen, und gleicht einem Wasserfall, der nicht vertikal, sondern horizontal fließt.

Wenn das Wasser dann sogar so hoch steigt, dass selbst der Aufenthalt auf dem Kies gefährlich wird, kann man immer noch auf die Aussichtsplattform, die man extra dafür gebaut hat. Und von dort hat man dann sowieso den allerbesten Blick auf das Spektakel!

Adresse Rheinkilometer 177, 79588 Istein (Efringen-Kirchen) // Anfahrt mit dem Rad über den Rheindamm // Öffnungszeiten frei zugänglich // je nach Wasserstand für Kinder ab 2 Jahre

TIPP: Die anderen »Reste« des Jura-Massivs findet man am »Isteiner Klotz«, einem riesigen Felsen mit eingebauter Kapelle.

53_DAS INFOZENTRUM

Über (das) Leben im Hochmoor

In Kaltenbronn liegt das größte Hochmoor Deutschlands, das Wildseemoor. Man läuft über Planken und kann ins schwarze Wasser schauen. Das ist schon echt ganz schön toll. Anders toll, weil sehr informativ, und das auf spielerische Weise, ist das Infozentrum Kaltenbronn, von wo aus die meisten Wanderungen zum Hochmoor starten. Schon von außen sieht es mächtig beeindruckend aus. Hoch, schmal und ganz mit dunklem Holz verkleidet, kommt man über den Hintereingang ins Haus.

Nachdem man den ersten Informationsraum passiert hat, in dem eine interaktive Karte zeigt, wo man im nördlichen Schwarzwald überall wandern gehen kann, kommt man zur eigentlichen Ausstellung. Sie ist auf sechs Räume aufgeteilt, die allesamt anders gestaltet sind. Es gibt einen ausgestopften Hirsch, ein paar interaktive Spielstationen rund um das Hochmoor, Überlebensstrategien werden gelehrt, Informationen dazu gegeben, was genau ein Hochmoor ist, und natürlich kann man vieles selbst ausprobieren. Wirklich toll sind die Ratespiele im Infozentrum, deren Lösung man sich jedoch während des Besuchs »erarbeiten« muss.

TIPP: Eine fünf Kilometer lange Wanderung vorbei am Wildsee führt zur Waldgaststätte Grünhütte, wo es die besten Heidelbeerpfannkuchen weit und breit gibt.

Zum Beispiel kann man Tiere hören und muss dann raten, um welches es sich handelt. Oder wer will, kann lernen, Fußspuren im Sand zu deuten. Und zu guter Letzt erfährt man auch, welcher Promi einen Jagdschein hat. Ist es Angela Merkel? Was denkt ihr? Oder doch eher Claudia Schiffer? So viel sei verraten: eine der beiden Damen hat ihn!

Adresse Kaltenbronner Straße 600, 76593 Kaltenbronn, Tel. 07224/655197, www.infozentrum-kaltenbronn.de // **Anfahrt** über die L 76 b // **Öffnungszeiten** April – Nov. Mi – So 10 – 17 Uhr, sonst Mi – Fr 13 – 17 Uhr, Sa, So 10–17 Uhr; Eintritt Erwachsene 3 Euro, Kinder ab 5 Jahre 2 Euro, Familienkarte 8 Euro

54_DIE TEUFELSKANZEL

Wo Hexen die Walpurgisnacht feiern

Ausgerechnet am 30. April, in der Walpurgisnacht, stürzten unglaubliche 550.000 Tonnen Felsmasse des Bergs, von dem man behauptet, er sei ein Hexenberg, ins Tal. Sie gehörten zu einem riesigen Felsen, den man die Teufelskanzel nennt.

Ja, der Kandel ist ein sagenumwobener Ort – und die Teufelskanzel innerhalb dieses sagenhaften Ortes der sagenhafteste. Denn es handelt sich um einen Platz voller Geschichten und Sagen, einen Platz, wo die bösen Mächte schlummern und über den die Hexen des Kandels ganz besonders wachen. Denn, das weiß jedes Kind, der Kandel ist der Blocksberg des Schwarzwalds, und jedes Jahr am 30. April findet hier oben ein Hexensabbat statt. Dann kommen die Hexen aus dem ganzen Schwarzwald zusammen, um zu feiern und ihre Rituale zu vollziehen.

Als 1981, ausgerechnet in der Nacht des 30. April, die Teufelskanzel barst und Tonnen an Fels und Geröll in die Tiefe stürzten, war den meisten sofort klar, dass Hexenkräfte im Spiel waren. Denn – oh Wunder! – ein Reisigbesen lag auf der Felsmasse, unten im Tal. Zwar behauptete man, den habe ein Arbeiter »aus Versehen« da oben gelassen, und natürlich versuchte man den Felsensturz auch wissenschaftlich zu erklären, durch Frostsprengung oder ein Erdbeben … Nur: Es war gar nicht kalt in jener Nacht, und ein Erdbeben konnte seismologisch auch nicht nachgewiesen werden. Ist ja aber auch klar. Es waren schließlich die Hexen. Oder etwa nicht?

Adresse bei Waldkirch. Die Teufelskanzel, auch Kandelfelsen genannt, erreicht man mit einer kleinen Wanderung. Vom Kandelparkplatz der gelben Raute folgen (beschildert: Großer Kandelfelsen 1,2 Kilometer) // ÖPNV Bus 7205 ab St. Peter // Anfahrt über die L 186 nur (!) von südlicher Seite // Öffnungszeiten frei zugänglich // für Kinder mit Trittsicherheit ab 8 Jahre (aber Achtung: Klettern am Fels ist gefährlich!)

TIPP: Auf dem Kandel starten Gleitschirmflieger von der Wiese neben dem Parkplatz. Es macht Spaß, ihnen beim Start zuzuschauen!

55_DIE WASSERSTATION

Herrlich frisch!

Es ist kaum zu glauben: Diese kleine Quelle oberhalb von Kandern wurde früher zur Trinkwassernutzung der hübschen Stadt genutzt. Natürlich nicht nur sie allein, dazu war sie zu klein. Aber nicht deshalb wurde die Quelle vor einiger Zeit stillgelegt, dafür gibt es einen anderen Grund: Die Trinkwasserqualität konnte auf Dauer nicht gewährleistet werden – zu wenig Filterung durch den Kalkfelsen, aus dem das Wasser sprudelt, zumindest bei starkem Regen. Regnet es nicht, ist es perfekt. Und da man die Quelle nun nicht mehr für die Trinkwasserversorgung brauchte, konnte man etwas anderes daraus machen. Und das hat man. Nämlich eine herrliche Wasserstation im Wald über der Stadt.

Das kühle Nass fließt direkt aus dem Berg in ein kleines Steinbecken. Über offene Holzrohre wird es von dort bergab geleitet, um damit ein kleines Wasserrad anzutreiben. Unten wird es in einem kleinen Becken aufgefangen. Das ist im Sommer einfach herrlich! Dabei ist es im Wald an sich schon sehr viel angenehmer als draußen in der Hitze. Denn an warmen Sommertagen können 20.000 bis 60.000 Liter pro Hektar Wald verdunsten, kaum vorstellbar, oder? Das macht bis zu zehn Grad Celsius Unterschied aus, vergleicht man es mit Stadttemperaturen auf einer ähnlichen Höhe. Und so ist die Kanderner Wasserstation ein doppelter Gewinn an heißen Tagen: Sie bietet frische Luft und ist ein super Platz, um herrliche Wasserspiele zu veranstalten.

TIPP: An der Wasserstation führen zwei Themenwege rund um Kandern vorbei: der Walderlebnispfad und der Zeitweg. Beide sind nett, wobei der Walderlebnispfad für Kinder spannender ist als der Zeitweg, trotz Dinosaurier-Warnhinweisen.

Adresse 79400 Kandern, oberhalb der August-Macke-Schule im Wald // **Anfahrt** über die Steiggasse zur Schule // **Öffnungszeiten** frei zugänglich // ab 4 Jahre

56_RHÉNANUS, DIE RHEINFÄHRE

Kurzurlaub mit Muschelsuche

Rhénanus ist eine hübsche Französin und Angestellte der französischen Gemeinde Rheinau. Sie ist klein, charmant und rot-weiß-blau. Und sie ist völkerverbindend, bringt sie doch Deutsche und Franzosen zusammen. Außerdem ist sie unglaublich fleißig. Sie fährt und fährt und fährt und transportiert pro Jahr 1,7 Millionen Passagiere in 732.000 Autos und auf 74.000 Zweirädern. Der Rest der Passagiere ist zu Fuß unterwegs. Ganz schön viel Betrieb für so eine kleine Dame!

Es ist aber auch etwas ganz Besonderes, mit einem kleinen Schiff über den Rhein zu setzen, statt über eine Brücke zu fahren. Und wenn man mal ein bisschen warten muss? Macht nichts! Man kann Madame Rhénanus zuschauen, wie sie tutet, Dampf ablässt und dann ein klein bisschen schwerfällig von einer Seite zur anderen gleitet. Hin und her. Fast könnte man sich einen Spaß daraus machen. Denn zumindest für die zwei, drei Minuten, die das Schifflein fährt, umweht einen ein Hauch von Meer oder, besser gesagt, der Duft von Wasser, frischem Fisch und Muscheln.

Muscheln? Tatsächlich! An den Stellen des Rheins, wo Stufen in der Nähe des Fähranlegers runter ans Wasser führen (Baden verboten! Lebensgefahr!), tritt man auf Muschelschalen. Zuhauf liegen sie hier und vermitteln das Gefühl, am Meer zu sein. Kein Sandstrand, sondern Kies, kein Salz-, sondern Süßwasser, und doch ist er kurz da, der Moment, wo man sich weit weg fühlt, ein bisschen wie am Meer. Am Schwarzwälder Meer eben, mit Blick auf Frankreich.

Adresse Rheinkilometer 258, 77966 Kappel-Grafenhausen // Anfahrt über die L 103 // Öffnungszeiten März–Okt. Mo–Fr 5.30–22 Uhr, Sa, So 6.30–22 Uhr, stündlich oder bei Bedarf, im Winter bis 19 Uhr, kostenlos, barrierefrei

TIPP: Direkt an der Fähre beginnt einer der Zugangswege in das Naturschutzgebiet Taubergießen. Am Kiosk bei der Abfahrt gibt es Informationsmaterial, Broschüren mit Wanderwegen liegen aus.

57_DER HEXENTANZPLATZ

Wie reitet man auf einem Hexenbesen?

Wenn der Himmel blau leuchtet und die Sonne scheint, ist fast jeder Ort schön. Aber es gibt einen Ort, tief im Wald versteckt, der vor allem bei Nebel schön ist. Weil dann die Stimmung zur Sage passt – und auch zum Platz. Denn beides ist ein bisschen gruselig.

Es war einmal ein Knecht, der wurde immer dünner. Da fragte ihn der Bauer, für den er arbeitete: »Warum wirst du immer dünner, Knecht? Ich gebe dir doch genug zu essen!« Da erzählte der Knecht, er werde jede Nacht von einer Hexe aufgeweckt, die ihn in ein Pferd verwandelte, auf dem sie dann zum Hexentanz ritt. Er müsse die ganze Nacht warten, bis die Hexe zu tanzen aufhöre, und sie dann wieder nach Hause tragen. Da mischte sich ein zweiter, sehr dicker Knecht ein und sagte zu dem Bauern und dem dünnen Knecht: »Ich löse das Problem!« Und? Gesagt, getan! Der dicke Knecht enttarnte die Hexe. Wie ihm das gelang? Das muss man natürlich selbst herausfinden. Aber das ist gar nicht so schwer. Denn die Achtäler Hexengeschichte wurde auf eine Tafel geschrieben, die oben am Hexentanzplatz zu finden ist. Dort findet man zudem ein wirklich echt aussehendes kleines Hexenhaus. Das Beste aber ist der Reisigbesen, auf dem man fliegen kann. Den brauchte die Hexe schließlich auch, nachdem der dicke Knecht sie enttarnt hatte, denn in ein Pferd konnte sie nie wieder jemanden verwandeln!

Adresse 77876 Kappelrodeck, der Hexentanzplatz liegt auf dem knapp 18 Kilometer langen Kappelrodecker Hexensteig, Wanderung von 1,4 Kilometer vom Wanderparkplatz, barrierefrei (Feldwege) // **Anfahrt** von Ottenhöfen via Lauenbach zum Wanderparkplatz Blaubronn // **Öffnungszeiten** frei zugänglich // ab 4 Jahre

TIPP: Wer größere Kinder hat, sollte unbedingt den Felsenweg laufen, auf dem der Hexenplatz liegt, denn er führt über den Katzenschrofen, ein großartiges Felsensemble. Achtung: Der Weg ist sehr steil, fast ein Klettersteig!

58_DIE HALTESTELLE AM KAMELBERG

Welcher Bus hier wohl hält?

Nimmt man den Nordic-Walking-Weg, der am Ende des Zähringerackers in Freiburg-Kappel startet, und folgt ihm bergauf und bergauf, dann steht man plötzlich an einer Haltestelle. Mitten auf einem Waldweg, wo ganz sicher niemals ein Bus hochfahren kann. Und darauf steht: Haltestelle Kamelberg. Linie Otto Faller.

Kamelberg? Im Schwarzwald? Wir sind doch nicht in der Wüste! Was hat hier also ein Kamelberg verloren? Und warum ist mitten im Wald an einem kleinen und bei Regen sehr matschigen Weg eine Bushaltestelle?

Immerhin kommt man den Rätseln auf die Spur, wenn man sucht! Der Kamelberg ist nämlich in Wirklichkeit gar kein Kamelberg. Es ist der Hügel zwischen dem Pfeiferbergsattel und der Erzwäscherei, er liegt also genau zwischen Freiburg und Kirchzarten. Auf seinem Gipfel steht ein inzwischen sehr lädiertes Kamel aus Sturmholz, geschaffen vom Schwarzwälder Künstler Thomas Rees. Hier hatte der Monstersturm Lothar 1999 die Kuppe eben jenes Hügels, der heute großspurig Kamelberg heißt, leer gefegt. Der einst so schöne Blick ins Dreisamtal, den die freie Fläche geschaffen hatte, ist wieder zugewachsen. Die Natur holt sich zurück, was sie braucht. Und das ist auch gut so!

Bleibt aber die Haltestelle. Welcher Bus hält hier wohl? Oder ist es gar eine Straßenbahn? Nichts dergleichen! Otto Faller von einem der benachbarten Höfe hat sich einen Scherz erlaubt und eine eigene Buslinie mit Haltestelle geschaffen.

Adresse 79199 Kirchzarten-Neuhäuser, ab Haltestelle Peterbergstraße zu Fuß – steil, circa 40 Minuten // ÖPNV Bus 17 ab Lassbergstraße (Freiburg) // Öffnungszeiten frei zugänglich // ab 8 Jahre

TIPP: Thomas Rees hat rund um den Kamelberg auf einem schönen Rundweg weitere Holzskulpturen geschaffen. Circa 200 Meter hinter der Bushaltestelle ist seine Werkstatt.

59_ DER EICHHÖRNCHENWALD

Und husch ist es wieder weg!

Eichhörnchen findet man ja fast in jedem Park, in Wäldern, auf Friedhöfen und in Gärten. Doch in Königsfeld gibt es einen ganzen Eichhörnchenwald. Hier leben sie zuhauf und sind vergleichsweise zutraulich.

Der Doniswald, wie er eigentlich heißt (obwohl ihn kein Mensch so nennt), war der erste Kurpark von Königsfeld. Er wurde vor 160 Jahren gegründet, und damals wie heute war es ein Vergnügen für die Besucher, den kleinen Kobolden Nüsse mitzubringen, um sie in Scharen um sich zu haben. Daran haben sich Generationen von Eichhörnchen gewöhnt – und gehen deshalb kaum mehr auf die Suche. Sie wissen ja, die Nüsse kommen von allein.

Das heißt allerdings nicht, dass sie deshalb wirklich zahm wären. Zutraulich – ein wenig, doch wenn man auf sie zuläuft, dann geht es, husch, husch, wieder rauf auf den Baum, am liebsten natürlich mit der Nuss, die der Besucher dagelassen hat, aber – wenn der Schreck zu groß war – auch mal ohne. Insofern tut man gut daran, sich auf eine der zahlreichen Bänke oder großen Baumstämme zu setzen und den Tieren dabei zuzusehen, wie sie die Nüsse schnappen, essen oder vergraben. Denn das machen die kleinen Hörnchen. Warum? Damit sie auch im Winter eine gut gefüllte Speisekammer haben.

TIPP: Da Königsfeld eine Gründung der Herrnhuter Gemeinde ist, ist die kleine Stadt im Winter voller roter Weihnachtssterne, für die die Herrnhuter bekannt sind. Ein unglaublich malerischer Anblick, vor allem bei Schnee.

Das Besondere dabei ist, dass sie sich nach zwei Monaten sogar noch an mehr als 60 Prozent ihrer rund 3.000 Verstecke erinnern können. Ganz schön viel. Doch wenn es ums Überleben geht, vermögen die Tierchen sehr viel mehr, als man meinen könnte.

Adresse Am Doniswald, 78126 Königsfeld, es gibt mehrere Rundwege // ÖPNV Bus 7265 ab Triberg, Busse 40/41 ab Villingen // Anfahrt über die B 33 // Öffnungszeiten frei zugänglich // ab 2 Jahre

60_DIE ALPAKAFARM

Kein Drama, Lama!

Okay, bevor jetzt jemand aufschreit: Es sind natürlich Alpakas, die auf dem Hof von Rudolf Benz wohnen, und keine Lamas. Aber ganz ehrlich: Wer kann das schon unterscheiden? Ein Laie ganz sicher nicht. Schließlich gehören beide zur Familie der Kamele und stammen ursprünglich aus Peru. Aber wenn man genau hinschaut oder Robert Benz bei einer Alpaka-Wanderung gut zuhört, wird man dann doch ein paar Unterschiede feststellen können. Zum Beispiel sind Lamas viel größer als Alpakas. Der Brustkorb ist ein bisschen dreieckig, und sie können bis zu 130 Zentimeter Schulterhöhe erreichen, während Alpakas selten größer werden als 90 Zentimeter. Außerdem haben sie unterschiedliche Ohren. Und geht es nach dem Menschen, haben sie auch einen unterschiedlichen Daseinszweck: Alpakas liefern Wolle, während Lamas echte Lastenträger sind.

Nun aber genug Theorie, denn das eigentlich Tolle sind die Tiere selbst. Neugierig, unglaublich freundlich, lustig anzuschauen und total kuschelig weich, sodass man sie eigentlich dauerstreicheln möchte. Nur: Das mögen sie nicht. Doch bevor sie sich ärgern können, hauen sie lieber ab und lassen den Besucher stehen, weshalb es so praktisch ist, eine Alpaka-Wanderung zu unternehmen. Denn da marschiert man mit den Tieren an der Leine, ist ihnen ganz nah und kann sich voll und ganz auf ihren Rhythmus einlassen. Das ist Entschleunigung pur und etwas ganz Besonderes – nicht nur für die Kleinen!

TIPP: Vier Kilometer von Lauterbach entfernt liegt Schramberg – mit dem richtig tollen Auto- und Uhrenmuseum »Erfinderzeiten« (www.auto-und-uhrenwelt.de).

Adresse Alpaca Village, Hinterbach 7, 78730 Lauterbach, Tel. 07422/9899239, Trekkingtermine unter www.alpaca-village.de, Kosten 25 Euro/Person // **Anfahrt** über die Hornberger Straße // für alle Kinder, die 1,5 Stunden laufen können

61_DER KAISERSTUHL

Nicht zu übersehen!

Der Kaiserstuhl heißt Kaiserstuhl, weil hier ein Kaiserstuhl steht, ist doch klar. Oder? Na ja, so ganz klar weiß das heute niemand mehr. Aber natürlich hat das Wort Kaiserstuhl schon etwas mit einem Kaiser zu tun – und mit einem Stuhl. Besser gesagt mit einem König und einem Gerichtstag.

Und das war so: Im Jahr 994 hielt König Otto III. bei Sasbach auf seiner Durchreise einen Gerichtstag ab – und saß dabei erstaunlicherweise auf einem Stuhl. Und weil man der Gegend einen Namen geben wollte, nannte man sie einfach Königsstuhl. Zwei Jahre später, also 996, wurde König Otto III. zum Kaiser gekrönt, also nannte man die Gegend fortan nicht mehr Königsstuhl, sondern Kaiserstuhl. Belegt ist das alles nicht. Und Historiker zweifeln auch die Wahrheit der Geschichte an. Und trotzdem erzählt man sie sich immer wieder. Denn rund um den Kaiserstuhl ist man einfach sehr stolz auf so einen schönen Namen. Und weil man das auch zeigen möchte und es bis heute die Weinlage Gestühl gibt, und zwar oberhalb von Leiselheim bei Sasbach (also wahrscheinlich da, wo Otto das Fürstengericht abhielt), gibt es genau dort einen sieben Meter hohen Holzstuhl. Er wurde 2005, zur 850-Jahr-Feier von Leiselheim, errichtet und sollte nach drei Jahren wieder abgebaut werden, was den Widerstand des Volkes hervorrief. Sie machten einen Aufstand, gewannen gegen den Kaiser, pardon, das Amtsgericht, und wenn der Stuhl nicht morsch wird, dann steht er dort bis in alle Ewigkeit. Raufklettern kann man ihn jedoch nicht, doch im Sommer spendet er Schatten und eine Bank gibt es auch.

TIPP: Es gibt bei Sasbach zwei sehr schöne Baggerseen. Also: Badezeug mitnehmen! Und wenn es kalt ist, kann man zur Burgruine Limberg in Sasbach laufen.

Adresse 79361 Leiselheim (Sasbach), barrierefrei (Feldweg) // **Anfahrt** über die L 113 // **Öffnungszeiten** frei zugänglich

62_ DAS STRANDBAD

Get up! Stand up! For your fun!

Ein bisschen moorig, ein bisschen besucht, ein bisschen kleiner als die anderen Badegewässer und sehr viel unbekannter als Titisee und Schluchsee. Das ist der Windgfällweiher bei Lenzkirch. Einst war er ein Moor, das 1895 zu seiner heutigen Größe und Tiefe aufgestaut wurde. Das kann man immer noch an der Farbe des Wassers erkennen. Die ist etwas bräunlich, was der Wasserqualität jedoch keinen Abbruch tut.

Rund um den Weiher leben Biber, es gibt deshalb Bereiche, die zu ihrem Schutz gesperrt sind. Ansonsten ist der See frei zugänglich – bis auf einen kleinen Strand, der zu einem alten, nostalgischen Strandbad gehört und um das es an dieser Stelle gehen soll. Zum einen ist es nett, eine Baywatch-Bar zu haben, wo man essen und trinken kann, zum Beispiel Bionade oder Hofeis (siehe Ort 35). Zum anderen ist es schön, eine frisch gemähte Wiese zu haben, auf der man liegen kann, und es ist auch nicht schlecht, Duschen und Toiletten nutzen zu können. Am besten aber ist, dass es eine Stand-up-Paddling-Station gibt. Man kann die hippen Bretter ausleihen und lernen, wie es funktioniert. Also schnappt man sich allein oder mit einem Lehrer so ein Ding und paddelt los. Oh, wie das wackelt! Tatsächlich sieht es viel einfacher aus, als es ist, auf so einem Brett zu stehen, und wer es nicht so mit dem Gleichgewichtssinn hat, muss ganz schön üben.

Wie gut, dass das Wasser im Sommer also nicht soo kalt ist, denn wenn man fällt, fällt man ins frische Nass – nicht ins eiskalte!

Adresse Raitenbucher Straße 37, 79853 Lenzkirch, Tel. 0176/98285016, www.strandbad-windgfaellweiher.de // Anfahrt über die B 500 zwischen Bärental und Schluchsee // Öffnungszeiten Pfingsten – Sept. täglich 10 – 19 Uhr; Erwachsene 3 Euro, Kinder 2,50 Euro, Stand-up-Paddling 18 Euro/Stunde

TIPP: Es gibt einen tollen Radweg, der vom Titisee über den Windgfällweiher zum Schluchsee führt, der Drei-Seen-Weg. Etwas anstrengend, aber äußerst lohnenswert!

63_DER GUMMISTIEFEL-KEGELPLATZ

Mit dem Schuh durch die Luft

Ein Stiefel hängt im Walde, ganz still und stumm. Der ist gefüllt mit Beton und fliegt herum. Sag, wer mag der Stiefel sein, der da hängt im Wald allein, mit dem Beton am Bäumchen klein? Oder am Bäumchen groß. Ein ganz kleines Bäumchen kann es nicht sein, an dem der schwere Schuh hängt. Schließlich setzen sich manchmal auch Kinder darauf, lassen sich anstupsen und durch die Lüfte schwingen. Und warum das alles? Na, um die neun Kegel umzuwerfen, die rund vier oder fünf Meter weiter unten auf einem Tischlein stehen. Ganz einfach!

Und wie kommt es nun, dass ein Stiefel mitten im Wald steht? So still und stumm? Nun, das liegt daran, dass am Gummistiefel-Kegelplatz der Kuhlehrpfad vorbeiführt. Ein Pfad, bei dem man der Kuh Kuhnigunde folgt, um ganz viel über die Landwirtschaft im Hochschwarzwald zu erfahren. Dafür muss man ein bisschen mehr als zwei Kilometer laufen, aber das spürt man überhaupt nicht. Denn unterwegs gibt es so richtig kuhle Stopps. Eine Kuhglocken-Bimmelstation, einen Zapfenkorb, ein I-Kuh-Memory und Gleichgewichtsübungsgeräte. Der Pfad führt durch einen lichten Wald und endet oben auf dem Kuhberg bei Saig mit großartigem Blick auf den Feldberg. Droben hat man aber nicht nur einen super Blick, es gibt auch einen großen Spielplatz mit Feuerstelle zum Grillen und eine riesige Wiese zum Toben!

Adresse Dorfplatz 14, 79853 Lenzkirch, »Kuhnigundes Kuhle(h)rpfad« startet am Fuße des Kuhbergs, Parkplatz am Haus des Gastes // ÖPNV Bus 7257 ab Titisee/Lenzkirch // Anfahrt über die B 315 auf die Neue Straße // Öffnungszeiten frei zugänglich // ab 3 Jahre

TIPP: Beim Haus des Gastes ist ein schöner Wasserspielplatz, wo man sich nach der Wanderung abkühlen kann.

64_DIE WALDDUSCHE

Zwerg müsste man sein

Yeaaaaaah, iiiihhhhhhh, boaaaaah! Freudiges Gekreische ertönt, wenn die Kleinen sich unter den Felsen stellen, über dessen Überhang selbst im Hochsommer immer Wasser fließt. Wie über einen Regenschirm strömt das Quellwasser über das Dach, gespeichert vom Moos, das darauf wächst. Kleine Kinder passen perfekt drunter, größere müssen sich bücken. Was für ein Vergnügen! Vor allem wenn es heiß ist. Denn das Wasser kommt direkt aus den Felsen oberhalb am Hang und ist immer eiskalt!

Um dorthin zu kommen, muss man jedoch ein wenig laufen. Die Walddusche liegt mitten in der Wutachschlucht. Zur nächsten Straße sind es ein paar Schritte. Dafür geht der Weg, steil, steinig und nur für Leute mit Trittsicherheit, aber immer entlang der wilden Wutach, die im Sommer sanft wie ein Kätzchen schnurrt, im Herbst und Frühjahr aber durchaus reißend sein kann. Man klettert über Wurzeln und hangelt sich an Seilen entlang der Felsen, hat immer wieder Blicke in eine Feen-Farn-Welt, erklimmt Hügel und springt über Bäche. Bei so viel Abwechslung wird selbst den lauffaulsten Kindern nicht langweilig, zumal es am Ein- wie am Ausstieg der Schlucht je eine Einkehrmöglichkeit gibt. Die gesamte Wutachschlucht ist 13 Kilometer lang und nur für geübte Wanderer zu empfehlen. Wer allerdings nur bis zur Walddusche laufen mag, startet an der Schattenmühle. Dann sind es zweieinhalb Kilometer pro Strecke. Alle anderen können von der Schattenmühle zur Wutachmühle laufen und dann mit dem Bus zurückfahren.

TIPP: Nicht weit entfernt liegt Löffingen mit einem Wildpark mit Tigern und Löwen (www.tatzmania.de).

Adresse Schattenmühle 1, 79843 Löffingen, Wanderbuszeiten unter www.wutachschlucht.de // **Anfahrt** über die L 170, ausgeschildert »Wutachschlucht« // **Öffnungszeiten** frei zugänglich, aber bei Regen oder Glatteis gesperrt // für gute Läufer ab 8 Jahre, zur Zwergendusche ab 4 Jahre, Trittsicherheit auf beiden Wegen notwendig

65_DAS FAHRZEUGMUSEUM

Einmal ist keinmal

So viel kann man gar nicht schauen, wie in diesem Museum gezeigt wird. Deshalb ist es auch unsinnig, nur ein einziges Mal zu kommen. Nach Marxzell muss man oft. Ganz oft sogar, wenn man Autos und Oldtimer liebt – und alles, was damit zu tun hat.

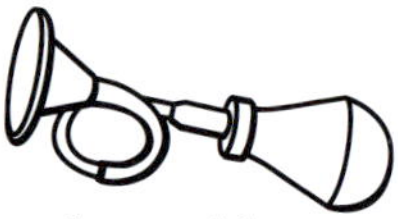

Nach zwei Stunden Museumsbesuch sieht man nichts mehr. Nie im Leben wird einem das Sprichwort »Man sieht vor lauten Bäumen den Wald nicht mehr« so klar vor Augen geführt wie in Marxzell. Es steht, hängt und liegt so viel, so unsinnig viel rum, dass man sich in seinem ganzen Leben niemals leer sehen kann. Und glaubt man Herrn Reichert, der das Museum leitet, dann kommen ständig neue Ausstellungsstücke hinzu.

Insgesamt umfasst das Museum drei große Hallen. Und jede davon ist voll mit spannenden Objekten. Oldtimer, Fahrräder und sogar Bobbycars. Kutschen sind aufgebaut, alte Tankstellen, ganz viele Mopeds, uralte Tandems, kleine Roller und große. Und in der hinteren Halle findet man sogar eine gigantische Sammlung von Feuerwehrautos inklusive eines Hubschraubers. Original, versteht sich. Eine Spielorgel dreht auf, eine Corvette jagt die Route 66 runter, es gibt zig Schaukästen mit alten Kameras und Nähmaschinen, Spielzeug- und echten Autos. All das ist liebevoll, wenn auch etwas verstaubt aufgebaut und mit Schaufensterpuppen – selbstverständlich alten – lebendig inszeniert. Wem das immer noch nicht reicht, findet draußen ein altes Flugzeug und alte Loks. Genug also, um immer wieder zu kommen.

TIPP: Nicht weit ist das Waldbad Schöllbrunn (www.baeder-ettlingen.de/waldbad-schoellbronn/das-waldbad). Im Winter kann man stattdessen zur Klosterruine Frauenalb fahren.

Adresse Neuenbürger Straße 1, 76359 Marxzell, www.fahrzeugmuseum-marxzell.de // ÖPNV S-Bahn ab Karlsruhe // Anfahrt über die L 564 // Öffnungszeiten täglich 14–18 Uhr; Eintritt Erwachsene 6 Euro, Kinder 4 Euro // ab 3 Jahre

66_DIE MONBACHSCHLUCHT

Alles halb so wild

»Der Weg durch die Monbachschlucht ist nicht ungefährlich. Er sollte nur mit geeignetem Schuhwerk begangen werden. Der Schwarzwaldverein e.V.«, steht da am Eingang. Okay. Für Rollstuhl- und Kinderwagenfahrer ist er wirklich nicht geeignet, und mit Flipflops ist er auch eher unbequem. Und auch wenn es Hochwasser, einen Erdrutsch, ein Erdbeben oder sehr viel Glatteis gibt, ist er eher schwierig. Aber sonst? Ist er ein toller Weg! Vom Einstieg bis zur Naturbrücke sind es gerade mal 800 Meter, also nicht zu kurz, um sofort vorbei zu sein, und auch nicht zu lang, damit Quengler gar nicht erst auf die Idee kommen zu meckern!

Der kleine, gut ausgeschilderte Weg führt vom Parkplatz tief in die Schlucht. Immer oberhalb des Monbachs. Es ist ein verwunschener Weg, fast so, als führe er durch einen Märchenwald. Man steigt über umgefallene Bäume und klettert über kleine Felsen, die aussehen wie überdimensionale Würfel, manchmal ist der Weg etwas schief, und ganz ab und zu muss man auch mal über Steine hüpfen. Perfekt also!

Je tiefer man nach hinten kommt, desto verwunschener ist der Pfad. Dort, wo flache Steine eine natürliche Brücke bilden, sind die 800 Meter geschafft. Nun muss man sich entscheiden: Zurück zum Ausgangspunkt oder rund fünf Kilometer weitermarschieren, um die Monbach-Schluchten-Runde zu wandern. Geht natürlich auch. Ist wunderschön. Aber die Kür, nicht die Pflicht.

Adresse 75242 Monbach-Neuhausen, Einstieg am Parkplatz beim Bahnhof // ÖPNV Zug ab Pforzheim // Anfahrt über die B 463 // Öffnungszeiten frei zugänglich, ab 7. Jan. bis Ende Feb. geschlossen // ab 4 Jahre

TIPP: Am Eingang zur Schlucht lockt ein schöner und großer Minigolfplatz (www.godigolf.de).

910
1764

67_DER SCHLITTENHANG

Wie Susi Sausewind

Es schneit, es schneit, kommt alle aus dem Haus. Die Welt, die Welt, sie sieht verzaubert aus! Und was man alles machen kann, wenn es geschneit hat: Spazieren gehen, Schneemänner bauen, Schlitten fahren ... Das kann man zwar überall, wo Schnee liegt, aber an fast keinem Hang ist das so schön wie oberhalb von Muggenbrunn am Schlittenhang, wo man eine wunderbare Fernsicht hat. Bei klarem Wetter kann man sogar die Alpen sehen, dann ist im Hintergrund der Feldberg und rechts sieht man den Belchen, den mystischen Berg. Und im Rücken liegt der Notschrei. Außerdem, und das ist das wirklich Besondere an diesem Schlittenhang, gibt es, zumindest wenn Schnee liegt, einen Schlittenlift, der die müden Kinderbeine entlastet, die sonst den weiten Weg von unten ganz nach oben laufen müssten. Natürlich geht der Schlittenlift nicht ganz nach oben, sondern nur zu etwa zwei Dritteln. Aber das reicht ja auch. Ein bisschen Laufen schadet außerdem nicht.

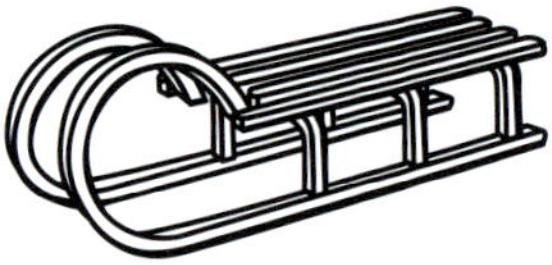

Ist man dann oben, kann man wie Susi Sausewind bis fast runter düsen und gleich wieder hoch: immer wieder! Wer keine Lust auf Schlittenfahren, Spazierengehen, Schneemannbauen oder eine Schneeballschlacht hat, kann sich einfach Ski anschnallen, denn in Muggenbrunn gibt es zusätzlich zur Schlittenbahn auch noch Skilifte, direkt beim Rodelhang zwei und auf der anderen Seite des Orts noch einmal zwei. So ist Muggenbrunn zumindest im Winter der absolute Lieblingsplatz von allen Schneeverliebten. Und davon gibt es ja wohl so einige.

Adresse Rodelbahn am Wasen, 79674 Muggenbrunn (Todtnau) // ÖPNV Bus 7125 ab Kirchzarten oder Todtnau // Anfahrt über den Notschrei oder Todtnau mit dem Auto // Öffnungszeiten täglich bei Schnee 9–16.30 Uhr, 8 Fahrten 10 Euro, 16 Fahrten 19 Euro, Schlitten können ausgeliehen werden, Schlittenhang frei zugänglich, Parkplatz unterhalb des Schlittenhangs // ab 4 Jahre

TIPP: Gar nicht weit weg, in Todtnauberg, gibt es eine erst 2023 eröffnete riesige Hängebrücke über die Wasserfälle, die Blackforestline. Wahnsinnig beeindruckend!
www.blackforestline.de

68_DAS KALTE HERZ

Gruselig phantastisch

Durch einen Innenhof betritt man das Schlossmuseum. Man geht die Treppe hinauf und wartet ein klein wenig, bis man eingelassen wird. Dann öffnet sich fast wie von Zauberhand die Tür. Man steht im Finsteren. Nur etwas grün-blauer Schimmer durchflutet den Raum. Und dann kommt eine Stimme aus dem Off. Sie erzählt eine Geschichte.

Einst lebte ein armer Köhler, der nichts mehr wollte, als reich zu sein. Und da es im Schwarzwald böse Geister gibt und gute, ging der arme Köhler einen Handel ein: Reichtum gegen das Herz. So geschah es, und der Köhler wurde reich, aber auch hart. Eines Tages, als seine Frau einem Bettler Geld geben wollte, erschlug er sie aus lauter Zorn und Geiz. Doch das änderte alles, denn trotz allem spürte er, dass er einen Fehler begangen hatte. Mit Hilfe des Glasmännchens, des guten Schwarzwaldgeistes, bekam der reiche, aber böse Mann sein Herz wieder zurück, seine Frau wurde wieder lebendig, und sie lebten glücklich bis zum Ende ihrer Tage.

Überall im Nordschwarzwald begegnet man Wilhelm Hauffs Märchen »Das kalte Herz«. Doch nirgendwo wird es so großartig inszeniert wie im Schloss Neuenbürg. Der Zuschauer wird von Raum zu Raum geführt, erlebt Wind und Regen, Trauer und Freude, während eine Stimme die Geschichte erzählt. Immer wieder wird sie von Musik begleitet, von Licht und Schatten. Der Zuschauer steht mitten auf der Bühne und fühlt sich, als wäre er dabei. Noch intensiver lässt sich das Märchen kaum erleben.

Adresse Hintere Schloßsteige 1, 75305 Neuenbürg, barrierefrei, www.schloss-neuenbuerg.de // ÖPNV S-Bahn ab Pforzheim // Anfahrt über die B 294 ab Pforzheim // Öffnungszeiten Mi–Sa 13–18 Uhr, So 10–18 Uhr; Eintritt Erwachsene 4,50 Euro, Kinder 3 Euro // ab 4 Jahre

TIPP: Gegenüber dem Schloss liegt der Schlossgarten und dahinter die alte Burgruine, frei zugänglich.

69_IM AUENLAND

Mitten durch das Dickicht

Rot, Gelb oder Grün? Das ist hier die Frage. Aber eines ist ganz sicher: Ab Gelb braucht man Gummistiefel, vielleicht sogar noch mehr, wenn man auf dem Auen-Wildnispfad spazieren geht. Denn ab Gelb watet man durch die überschwemmten Rheinauen, wandelt auf Holzbrücken, muss sich unter Lianen durchwinden und erkundet so auf höchst abenteuerliche Weise den alten Rhein.

Breite Wege sucht man vergebens. Denn der zweieinhalb Kilometer lange Pfad schlängelt sich mitten durch das Überschwemmungsgebiet des Altrheins. Eine Pegellatte am Einstieg zeigt den Wasserstand. Je nachdem, wie hoch das Wasser reicht, ist der Auen-Wildnispfad ein fast normaler Spazierweg durch lichte Wälder, vorbei an Tümpeln und Wassersträßchen (Grün), eine kleine Wanderung durch Pfützen und Wasserlachen mit Ausrutschgefahr (schon Gelb), eine abenteuerliche Erkundung von Überschwemmungsgebieten mit der Gefahr, bis zu den Oberschenkeln zu versinken (gerade noch Gelb), oder aber die Ampel zeigt Rot. In diesem Fall ist der Marsch durch das Gebüsch verboten. Zu gefährlich. Keine Wege, kein Vorwärtskommen.

Am schönsten ist der Weg bei Gelb bei diesigem Wetter. Denn dann führt der Gang durch die Aue in eine Zauberwelt. Man glaubt, Elfen zu sehen und Kobolde zischen zu hören ... aber fast genauso schön ist er bei Sonne, vor allem im Sommer, wenn es heiß ist. Denn dann ist es ein riesiger Spaß, durch die Pfützen und Wasserlachen zu hüpfen. Dreckig wird man auf alle Fälle. Umso besser!

Adresse 77743 Neuried, der Auen-Wildnispfad beginnt beim Europäischen Forum am Rhein (Am Altenheimer Yachthafen 1), Pegelstandabfrage unter www.hvz.baden-wuerttemberg.de // **Anfahrt** über die L 98 // **Öffnungszeiten** frei zugänglich, Weg ist jedoch bei Rot gesperrt // ab 6 Jahre

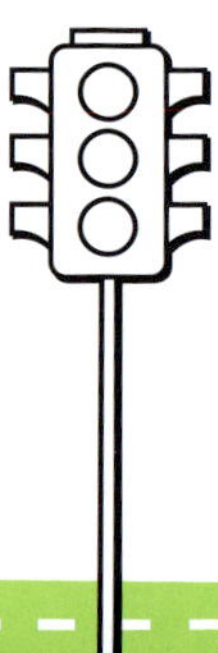

TIPP: Wirklich toll ist ein Spaziergang am Rhein, wobei man den riesigen Schiffen zusehen kann. Im Europäischen Forum gibt es Cafés und Restaurants.

70_DIE MILCHTANKSTELLE

Fast wie Kühemelken

So sonderbar das klingt, es geht ganz einfach: Geld einwerfen, Tür öffnen, Gefäß schräg einstellen, Milchknopf drücken und warten, bis die gewünschte Milchmenge geflossen ist. Das war's! Die Milchtankstelle in Oberharmersbach ist die beliebteste Tanke der Region: Familien aus der ganzen Umgebung kommen, um die frische Rohmilch genießen zu können. Denn die köstliche Milch der Kornbauers enthält, weil sie weder behandelt noch erhitzt wird, alle Vitamine, Bakterien und Enzyme, die notwendig sind, damit der Körper Milchzucker, Milcheiweiß und Kalzium richtig aufnehmen kann.

Rohe Milch schmeckt ganz anders als Supermarktmilch. Wer das nicht glaubt, muss es probieren! Die der Kornbauers ist zudem eine Heumilch – sprich: Die Kühe vom Hof, der übrigens als Demeter-Hof zertifiziert ist, fressen nur das eigene Gras und das eigene Heu. Nur ein ganz klein wenig Bio-Getreide wird dazugekauft. Sonst gibt es nichts zum Futtern. Und: Das reicht vollkommen aus. Nein, das ist mehr als ausreichend, nämlich optimal.

Die Kälber wachsen übrigens deutlich länger als in normalen Milchbetrieben bei den Mutterkühen auf. Sie sind die Ersten, die in den Genuss der guten Milch kommen, und zwar volle sechs Wochen. Erst dann werden sie langsam entwöhnt. So kann man die Milch nicht nur mit dem Gaumen genießen, sondern auch noch mit dem allerbesten Gewissen!

Adresse Obertal 13, 77784 Oberharmersbach, barrierefrei, Flaschen für die Milch kann man direkt am Regiomat nebenan kaufen, die Tankstelle gibt Rückgeld // Anfahrt über die L 94 // Öffnungszeiten frei zugänglich

TIPP: An der Touristeninformation von Oberharmersbach startet der Naturerlebnispfad, außerdem gibt es in der Nähe des Bahnhofs einen Adventure-Minigolfpark, Talstraße 68 (www.adventure-minigolfpark.de).

71_DAS MiMa

So macht Mathe Spaß!

Was genau hat Mathe eigentlich mit Mineralien zu tun? Das sind doch total unterschiedliche Dinge, oder? Tatsächlich nicht wirklich, auch wenn dieses Wissen schon höhere Mathematik ist. Aber im MiMa, dem Mineralien- und Mathematik-Museum, werden genau solche Phänomene der höheren Mathematik erklärt, und das auf so kindgerechte Weise, dass es nicht nur empfangsbereite kleine Kinderköpfe verstehen, sondern auch all diejenigen, die sich bis zu diesem Zeitpunkt für Mathe-Legastheniker gehalten haben.

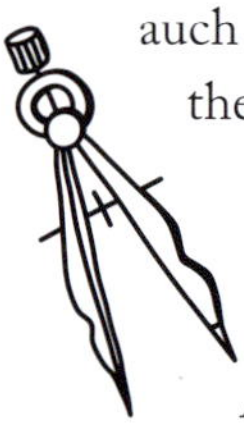

Das beginnt mit einfachen Spielen wie einem Riesenorigami, bei dem aus Dreiecken unterschiedlicher Größe Kreise gelegt werden. Es geht mit Computer-Animationen weiter, mit denen Mathematik und Geometrie begreifbar gemacht werden, und endet bei wunderbaren Modellen von Kristallen und Mineralien. Eines davon hängt im Treppenaufgang von der Decke: Es wurde von Kindern in einem Mathematik-Projekt gebaut.

Nun mag man sich fragen, wie denn so ein Mathe-Museum ausgerechnet in den Schwarzwald kommt. So richtig einleuchtend ist das ja nicht. Tatsächlich ist es kein Zufall. Es gibt einen richtig triftigen Grund: Das mathematische Forschungsinstitut liegt nämlich in Oberwolfach. Es ist so etwas wie das Institut für Big-Bang-Theoretiker. Sheldon Cooper zumindest hätte sicher seine Freude am Institut. Auch wenn er eher Physiker ist. Doch wir wollen ja nicht kleinlich sein! Denn schließlich liegen höhere Mathematik und Physik doch ganz nah beieinander.

TIPP: Aus der Grube Wenzel (www.grube-wenzel.de), gleich ums Eck, stammen einige Minerale und Edelsteine, die im MiMa gezeigt werden. Führungen nach Voranmeldung!

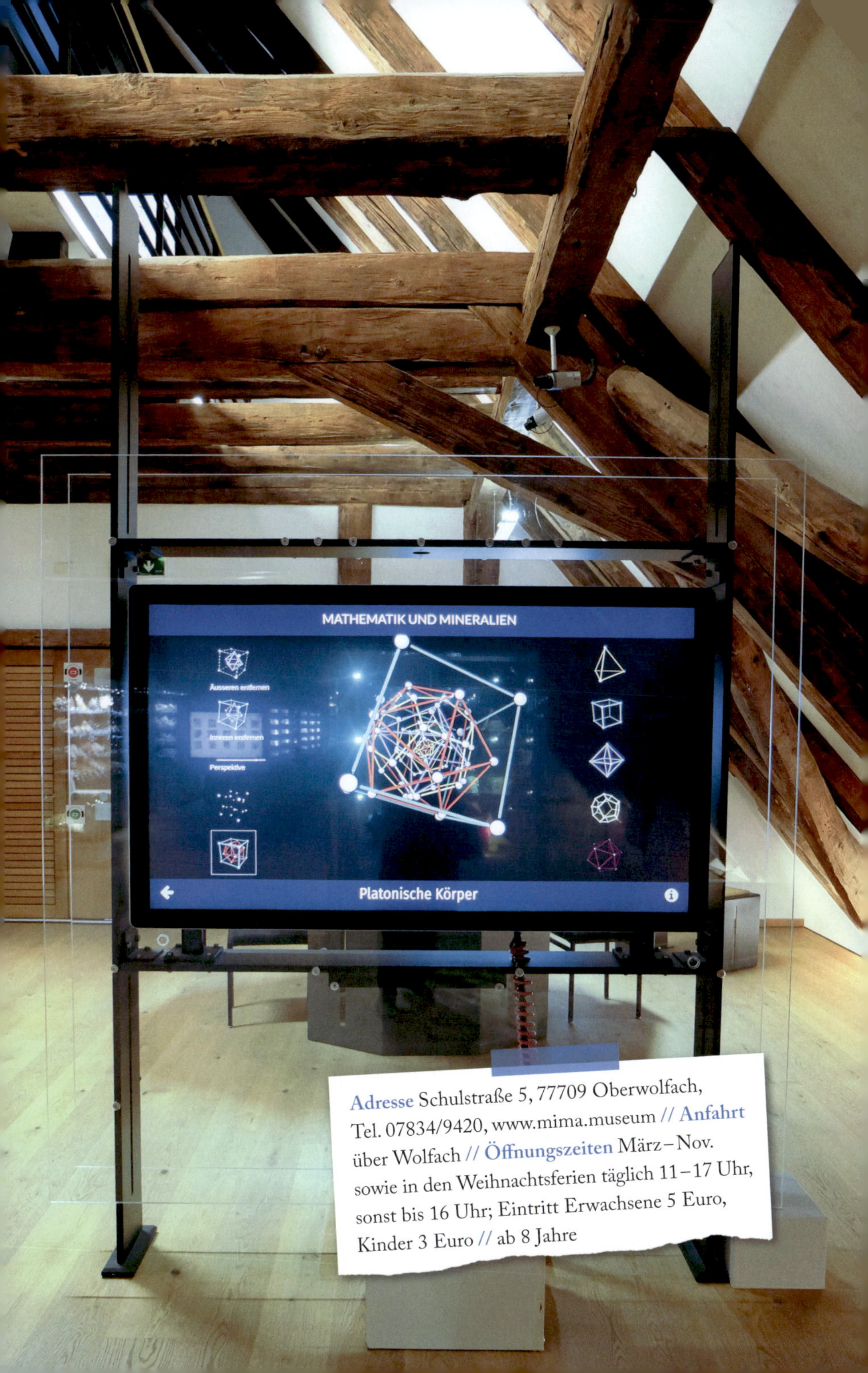

Adresse Schulstraße 5, 77709 Oberwolfach, Tel. 07834/9420, www.mima.museum // **Anfahrt** über Wolfach // **Öffnungszeiten** März–Nov. sowie in den Weihnachtsferien täglich 11–17 Uhr, sonst bis 16 Uhr; Eintritt Erwachsene 5 Euro, Kinder 3 Euro // ab 8 Jahre

72_DIE WASCHSTRASSE

Plitsch, platsch und wuschschschsch …

Erst wird bezahlt, dann Fenster zu, und ab geht die Post! Männer kommen mit Schläuchen, spritzen und putzen das Auto von Hand, und dann – tatataaaa! – Vorhang auf: Man gleitet hinein in die Tiefen der Waschwelt.

Erst kommen die riesigen Bürsten auf den Waschpark-Besucher zu. Kurz ein Schreckmoment: Die werden doch nicht das Auto zerstören? Denn sie sind hart, drehen sich im Akkord um sich selbst, es rauscht, es kratzt. Und dann, ganz langsam ruckelt das Auto wie von Zauberhand weiter. Dann kommt die nächste Bürstenrunde. Weicher wird es nun. Und noch mehr Wasser fließt von allen Seiten auf einen zu. Dann: wisch, wisch, wisch. Es ist mehr ein Streicheln als ein Kratzen. Und dann wieder ein Ruck. Das Auto steht. Das Gebläse setzt ein, laut, dröhnend, die Wassertropfen auf den Scheiben werden nach außen gedrängt, sie ziehen lange Spuren. Und weiter geht die Fahrt durch den wilden Tunnel, zur letzten Station, den Ohrfeigentüchern. So nämlich sehen sie aus. Lange Lappen platschen von oben aufs Auto und polieren, was die vorherigen Monster der armen Karosse angetan haben. Und dann: wieder ein Ruck. Das Auto steht. Dann der Befehl: Gang einlegen und losfahren, und zwar zackig! Ey, ey, Captain! Machen wir natürlich!

TIPP: Nicht weit entfernt: der Gifizsee, ein Stadtsee zum Baden und Spazierengehen, mit Spielplatz und Tiergehege.

Wir fahren raus, der Vorhang hinter uns schließt sich, die Vorstellung ist vorbei. Das Auto glänzt, die Kinderaugen auch, und jeder wünscht sich, bald wieder einen Grund zu haben, um in den Autowaschpark in Offenburg zu fahren. Immerhin der größte Waschpark Südbadens, und der einzige, der nahezu komplett mit selbst erzeugtem Strom durch Fotovoltaik läuft.

Adresse Max-Planck-Straße 1b, 77656 Offenburg, www.autowaschpark-offenburg.de // Anfahrt A 5, Ausfahrt Offenburg, 2. Ausfahrt // Öffnungszeiten Mo – Sa 7 – 20 Uhr, ab 12 Euro

73_ DAS EDELFRAUENGRAB

Eine gruselige Legende

Stell dir vor, du bist ein edler Ritter. Du gehst auf einen Kreuzzug, um das Heilige Land von den Sarazenen zu befreien. Deine Frau zu Hause hat absolut keine Lust, sich um dich, ihren edlen Gatten, zu sorgen, sondern vergnügt sich lieber. Dann kommst du eines Tages von deinem Kreuzzug zurück und begegnest deiner Dienerin, die gerade dabei ist, sieben kleine Kinder zu ertränken. Du würdest doch auch wissen wollen, wieso sie das macht, oder?

Den Ritter gab es wirklich. Er hieß Ritter Wolf von Bosenstein, und die sieben Kinder waren die seiner Gattin und ihres Geliebten. Die Edelfrau wurde von einer Bettlerin verflucht, nachdem sie für sich und ihre sieben Kinder um Essen gebeten hatte und abgewiesen worden war. Also gebar die Edelfrau sieben Kinder, die sie umbringen lassen wollte, um nicht in Ungnade zu fallen. Doch zum Glück fand der Ritter die Kinder, bevor man ihnen Schaden antun konnte. Er ließ sie weit weg bringen und das Harfenspiel erlernen. Als die Kinder sieben Jahre später auf das Schloss kamen und Harfe für den Ritter und seine Edelfrau spielten, sangen sie, wie sie als arme Kinder verstoßen worden waren. Die Menge empörte sich: Welche Mutter tut denn so etwas?

Die Schlossherrin, die nicht wusste, dass sie die Mutter war, sprach das Urteil: Lebendig einmauern! Und so geschah es: Der Ritter ließ seine Frau in eine Höhle bringen, diese zumauern und den Gottschlägbach hineinleiten. Das glaubst du nicht? Dann komm hierher und sieh dir das Grab an – mitten in den Wasserfällen.

Adresse Edelfrauengrab-Wasserfälle, 77883 Ottenhöfen // Anfahrt beim Gasthaus Kreuz in den Hagenbruck einbiegen // Öffnungszeiten frei zugänglich // für trittsichere Kinder ab 6 Jahre

TIPP: Im Sommer kann man herrlich im Flüsschen und unter den Wasserfällen baden.

74_DAS NATURERLEBNISBAD

See, Schwimmbad, Quelle, Bach?

Was kann es Schöneres geben, als an heißen Sommertagen ins Schwimmbad zu gehen? Badesachen einpacken, Picknickdecke und eine Vesper. Und dann los! Die Mamas sitzen entspannt am Rand, die Kinder jauchzen und springen ins Becken oder rutschen über eine 51 Meter lange Rafting-Rutsche ins Wasser. Doch plötzlich Gebrüll. Denn, oh Schreck, das Kind ist untergetaucht, kommt wieder hoch und hat Wasser geschluckt. Und jetzt?

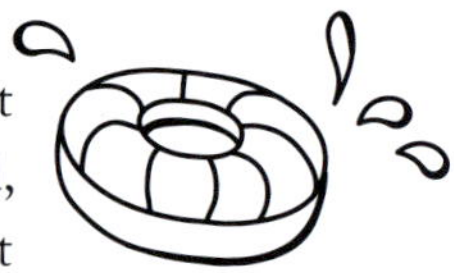

Macht nichts! Überhaupt nichts! Schließlich ist das Naturerlebnisbad kein richtiges Schwimmbad, sondern ein Naturbad. Das Wasser ist weder gechlort noch mit anderen Mitteln desinfiziert. Und obwohl es wirklich Schlimmeres gibt, als Chlorwasser zu schlucken – es tut weder dem Körper sonderlich gut, noch schmeckt es besonders. Wie gut also, dass das Wasser im Naturerlebnisbad anders ist. Tatsächlich speist es sich nämlich nur aus Schwarzwälder Trinkwasser, das aus einer Quelle kommt und sich so ständig selbst erneuert. Das ist Regeneration auf natürliche Weise und richtig cool. Oder?

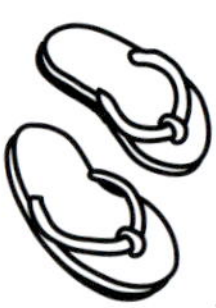

Das Schwimmbad ist aber nicht nur wegen dem Wasser so toll. Es liegt auch wunderschön, ganz hinten im Tal, statt Springtürmen gibt es Felsen, von denen man ins Wasser hüpft, und am Rand der Becken wachsen Pflanzen bis fast zu den Badenden. Und schnell wird so aus einem ganz normalen Schwimmbadbesuch ein tolles Naturerlebnis. Und genau deshalb heißt das Bad auch so.

TIPP: Nicht weit von Ottenhöfen, in Seebach, liegt ein riesiger Spielplatz auf einer großen Wiese.

Adresse Hasenwald 6/1, 77883 Ottenhöfen, Tel. 07842/1499 // **Anfahrt** ab der Ortsmitte ausgeschildert // **Öffnungszeiten** Mai – Sept. 9 – 19 Uhr, Juni – Aug. 9 – 20 Uhr; Eintritt Erwachsene 5 Euro, Kinder 3 Euro

75_DER KUHSTALL

Der etwas andere Panoramablick

Kein Steak auf der Speisekarte? Nee! Wäre aber auch zu makaber! Schließlich schaut man beim Essen den Kühen im Stall zu, und das nimmt einem echt die Lust auf Rindfleisch. Aber dafür gibt es leckere Kuchen, Schwarzwald-Vesper, eine Eiskarte und natürlich Wurstsalat. Denn so ein kleines Schweinchen, beziehungsweise das resultierende Produkt, kann man dann doch mal verputzen. Grunzt ja schließlich auch nicht nebenan.

Der Kuhstall ist ein ganz besonderes Restaurant. Es gehört zum Hotel Schwanen, das eine einzigartige Erlebnisgastronomie erschaffen hat, nämlich einen Kuhstall, in dem man essen kann. Der Zufall war es, wie so oft, der den Schwanenwirt dazu brachte umzudenken. Denn im Sommer 2014 brannte der Rinderstall des Bauernhofs, wo heute die Gastro untergebracht ist, ab. Und man überlegte sich, jetzt oder nie: »Wir machen etwas vollkommen Neues und Einzigartiges.« Und so entstand das Restaurant. Man sitzt in einem schönen Ambiente, loftartig und vollständig aus Holz, futtert leckeres Zeugs und kann durch die Panoramafenster in den Kuhstall schauen, wo die Kühe in aller Ruhe futtern. Und wem das zu sehr Fernsehgefühl ist, der steht auf, geht einmal um das Gebäude, öffnet die Tür zum Stall und kann die Kühe hautnah erleben. Während die Kinder also die Kühe besuchen und ihnen beim Fressen zusehen, können die Erwachsenen in aller Ruhe weiteressen. Sie haben die Kinder ja im Blick. Und die Kühe. Die natürlich auch.

Adresse Hotel zum Schwanen, Große Tannenstraße 10, 72285 Pfalzgrafenweiler-Kälberbronn, barrierefrei, Tel. 07445/1880, www.hotel-schwanen.de // Anfahrt Kälberbronner Straße von Obermusbach // Öffnungszeiten täglich 11-18 Uhr // ab 3 Jahre

TIPP: Etwas oberhalb, am Waldrand, ist ein riesiger Waldspielplatz mit Grillhütte und großer Wiese.

76_DAS ALTE PERGAMON

Lebendige Geschichte

Einfach nur wow! Das empfindet man beim Betreten des Innenkessels eines der letzten erhaltenen Glockengasbehälter Deutschlands. Abtauchen und einfach mitten rein in die Antike. Und nein, man muss mit keiner Zeitkapsel reisen, es reicht, wenn man die Ausstellung im Gasometer besucht.

Oh

Der Morgen dämmert, überall lodern kleine Feuer, es knistert. Plötzlich ein Kikerikiii, ein Hund bellt und ein Esel iaaat. Der Tag erwacht.

Ah

Und mit dem ersten Tageslicht erkennt man die ganze Pracht der griechischen Stadt. Doch was ist das? Da werden Tieropfer gebracht. Frauen arbeiten im Waschhaus und am Fuße der Akropolis wird ausgiebig gefeiert. Da werden selbst die Kleinsten ruhig und staunen mit großen Augen. Doch dann fuchteln sie wild mit den Armen, wenn sie wieder etwas Neues entdeckt haben, den Jungen zum Beispiel, der eine Gans unter dem Arm trägt, oder einen Hund, der im Schatten liegt und döst.

Der Gasometer ist ein wirklich einmaliges Erlebnis für alle Altersstufen. Denn im 360-Grad-Panorama-Zylinder des Gasometers scheint es, als wäre man weit weg von allem, die Stimmung und die Tageszeit ändern sich mit den Farben. Der große Turm in der Mitte erlaubt es den Besuchern, das alte Pergamon auf allen Ebenen in aller Ruhe zu betrachten, bis man die antike Stadt vollkommen in sich aufgenommen hat.

TIPP: Neben dem Gasometer ist der Enzauenpark mit Biergarten und Spielplätzen direkt am Wasser.

Adresse Hohwiesenweg 6, 75175 Pforzheim, barrierefrei, Tel. 07231/7760997, www.gasometer-pforzheim.de // **ÖPNV** Busse 5/6 ab Hauptbahnhof // **Öffnungszeiten** täglich 10-18 Uhr, 12 Euro, Kinder bis 16 Jahren frei // ab 3 Jahre

77_DIE BURG RABENECK

Schlafen wie Ritter und Burgfräulein

Der Ritter von Weißenstein wusste, wie man gute Burgen zustande bringt. Denn als er sich damals, vor rund 780 Jahren, entschied, eine Burg errichten zu lassen, baute er sie so stabil und gut, dass man bis heute darin schlafen kann. Okay, sie wurde seitdem umgebaut, renoviert und ausgebaut. Tatsache aber ist: Man kann ganz wunderbar in der Burg Rabeneck des Ritters von Weißenstein schlafen. Denn die Burg ist heute eine Jugendherberge, und zwar eine richtig tolle.

Teile der Schlafstatt sind direkt in die denkmalgeschützte Burg integriert. Man speist (übrigens ziemlich gut) und spielt im alten Gemäuer, sitzt im Burghof, chillt und kann sich tatsächlich ein bisschen wie Ritter und Burgfräulein fühlen. Denn an den Wänden hängen alte Ritterrüstungen und Schilde. Außerdem bietet die Jugendherberge entsprechende Freizeiten an.

Früher hieß die Burg übrigens Burg Weißenstein, so wie ihr Bauherr. Und rund 300 Meter entfernt liegt auch noch die Ruine der Burg Kräheneck, die wahrscheinlich die Verteidigungsburg für Rabeneck war. Von der ist allerdings wirklich kaum noch etwas zu sehen – ein paar Außenmauern, mehr nicht. Aber wenn man schon mal im Rabeneck wohnt, kann man doch auch das Kräheneck besuchen und sich dann umso mehr darüber freuen, dass man nicht dort, sondern im weichen Bett der Jugendherberge schlafen kann.

TIPP: Gegenüber der Jugendherberge, wenn auch deutlich unterhalb, ist ein schönes Freibad. Und direkt am Haus geht der Westweg vorbei, ein Fernwanderweg, der nach Basel führt. Ein kleines Stückchen kann man ihn ja mal laufen!

Adresse Jugendherberge Pforzheim, Kräheneckstraße 4, 75180 Pforzheim, barrierefrei, Tel. 07231/972660 // ÖPNV Bus 3 ab Hauptbahnhof; Preise ab 35,30 Euro/Person/Nacht (mit Frühstück, Kinder günstiger)

78_DER WILDPARK

Hier wohnen Elch und Waldschrat

Der Elch wohnt zwar hier, aber das heißt noch lange nicht, dass man ihn auch sieht. Oder doch – ganz hinten kann man ihn sehen. Und der Stall ist auch ganz nah am Weg. Allerdings verkriecht sich das scheue Tier manchmal, hat genug vom Halligalli der Besucher und verschwindet im Wald. Und ganz ehrlich? Das ist großartig! Denn es zeigt, dass der Wildpark in Pforzheim eben kein Zoo ist, wo Tiere auf dem Präsentierteller stehen, sondern ein Wildpark, der den Tieren die Möglichkeit gibt, sich bei Bedarf zurückzuziehen. Und da er mitten im Wald liegt, fällt es manchmal schwer zu unterscheiden: Wo ist noch Wildpark – und wo nicht mehr?

Natürlich sind nicht alle Gehege so groß wie das des Elchs. Das der Wildschweine zum Beispiel ist kleiner, und jenes der Seeotter auch. Das ist schade, schmälert aber nicht die Freude über den schönen Park. Denn viele Vierbeiner wollen sich gar nicht verstecken und kommen freiwillig ans Gitter zu den Menschen, denn da gibt es Futter. Nicht für jeden, aber für die meisten. Grün oder Rot, signalisieren die Schilder am Zaun und sagen damit dem Besucher ganz klar, ob ein Tier gefüttert werden darf oder nicht. Futter bekommt man am Automaten.

Eine Besonderheit im Wildpark sind übrigens die Bisons und die Waldschrate. Die sind genauso kauzig, wie ihr Name es sagt. Man findet die eigentlich in Marokko heimischen Tiere in einer Voliere, die man betreten kann. Sie sitzen oben auf den Ästen und putzen sich stundenlang – ungemein putzig!

TIPP: Im Wildpark ist ein riesiger, extrem hoher Waldklettergarten, der zum Teil über die Tiergehege geht und nichts für Höhenpaniker ist! Informationen unter www.waldklettergarten-pforzheim.de.

Adresse Tiefenbronner Straße 100, 75175 Pforzheim, Tel. 07231/393328 // **ÖPNV** Bus 66 ab Hauptbahnhof // **Öffnungszeiten** täglich 7–20 Uhr; Eintritt pro Auto 3 Euro unter der Woche, 5 Euro am Wochenende

79_DIE KAMEL- UND STRAUSSENFARM

Draufsitzen und los!

Was ist der Unterschied zwischen einem Dromedar und einem Kamel? Auf der Kamel- und Straußenfarm Lindenhof bekommt man es erklärt: Das Wort Kamel bezeichnet die Gattung. Dazu gehören Trampeltiere, die haben zwei Höcker, und Dromedare, die haben nur einen! Reiten kann man auf beiden, doch auf dem Lindenhof reitet man meistens auf Dromedaren. So wie in der Sahara. Dort gibt es nämlich nur Dromedare.

Kamelreiten ist das eine, aber auf dem Lindenhof kann man noch viel mehr: Man kann putzige kleine Kreaturen mit braunen Ringellocken, also Wollschweine, beim Fressen beobachten (und riechen), man kann Wallabys, also kleine Kängurus, hüpfen sehen, Ponys streicheln, Stachelschweine begutachten, Erdmännchen beobachten, vor allem aber kann man mit Straußen auf Tuchfühlung gehen. Denn sie sind, neben den Kamelen, die Hauptattraktion auf dem Hof. Schließlich werden sie hier auch gezüchtet.

TIPP: In Lichtenau, südlich von Rheinmünster, gibt es einen sehenswerten Walderlebnispfad. Der gelbe Pfad ist einfacher, der grüne ist schmaler und führt über eine Hängebrücke.

Und so kann man die frisch geschlüpften Babystrauße im Stall beobachten (im Herbst), die ausgewachsenen über die Weide rennen sehen (im Sommer), und im Straußenshop nebenan gibt es frische Straußeneier (von März bis September), aber auch die leeren Schalen. Die hat man zum Teil zu herrlichen Lampen umgestaltet, die den Verkaufsraum so stimmungsvoll beleuchten, dass die Afrika-Deko den Besucher in eine Welt ganz weit weg entführt.

Adresse Siedlerhof 2, 77836 Rheinmünster, Tel. 0177/3579694, www.kamele-lindenhof.de // **Anfahrt** über die L 85 // **Öffnungszeiten** Variabel; Eintritt Erwachsene 6 Euro, Kinder (2-13 Jahre) 3,50 Euro // ab 3 Jahre

80_DER SCHLÜHÜWANA-NATURERLEBNISPFAD

Was ist denn Schlühüwana?

»Schlü« kommt von Schlüchtsee, zu dem man auf dem Schlühüwana-Naturerlebnispfad läuft; »hü« vom Hüsli, dem Heimatmuseum, das man aus der TV-Serie »Die Schwarzwaldklinik« kennt und bei dem man den Wanderweg beginnen kann; »wa« von dem Wald, durch den man läuft; und »na« von der Natur, die man dabei erlebt. Darauf muss mal erst mal kommen, was?

So geheimnisvoll der Name klingt, so erlebnisreich und schön ist der kleine Wanderweg in Rothaus. Er ist perfekt für kleine und große Wanderer. Überall begegnen dem Spaziergänger skurrile Holzfiguren, gefertigt von dem Schwarzwälder Hobbyschnitzer Herbert Hofmeier. Denn als Sturm Lothar 1999 über den Schwarzwald fegte, zog er auch zwischen Rothaus und Grafenhausen eine Schneise der Verwüstung. Zig Baumleichen lagen in der Folge herum, die Herbert Hofmeier zu den Skulpturen umarbeitete, die heute den Charme des Schlühüwana-Pfades ausmachen. Man kann auf Drachen reiten und in Zwergenhöhlen kriechen, man kann auf Schnecken schaukeln und in den Armen der Waldfeen ausruhen. Und: Man kann einen schönen Barfußpfad begehen, der gleich am Anfang des Weges liegt. Mit nackten Füßen läuft man über Holzpflaster und Kiesel, über Rindenmulch und Stroh, über Steinpflaster und Sägemehl. Wer mit geschlossenen Augen läuft, kann erst mal erspüren, was sich da unter den Zehen befindet, und anschließend auf kleinen Tafeln lesen, was man denn da unter seinen Pfoten hat.

Adresse Schlüchtseeweg 8, 79865 Rothaus (Grafenhausen), barrierefrei (Feldweg) // ÖPNV Bus 7343 ab Schluchsee // Anfahrt über Seebrugg, Parkplatz am Hüsli // Öffnungszeiten frei zugänglich

TIPP: Direkt nebenan ist die Brauerei Rothaus mit Biergarten-Atmosphäre und einem riesigen Spielplatz mit Kletternetz!

81_DER TESTTURM

Nur fliegen geht höher

Uiiiiiiiiii – in einem Affentempo geht es nach oben, ganz hoch auf Deutschlands höchste Besucherplattform. 246 Meter ist sie hoch, und ist man erst mal oben, hat man einen irre tollen Ausblick! Aber natürlich hat man nicht wegen des Blicks und der Plattform diesen hohen Turm gebaut, sondern um Aufzüge zu testen. Denn der Testturm heißt Testturm, weil im Turm getestet wird. Schließlich müssen die neusten Highspeed-Aufzüge irgendwie ja mal ausprobiert werden. Und das tut man hier. Nicht mit dem Aufzug, der die Besucher nach oben bringt. Der wurde schon früher getestet und ist auch nicht ganz so schnell wie die allerneusten Generationen. Aber flott ist er dennoch. Sehr zum Schreck derer, die nicht wissen, wie ihnen geschieht, wenn es nach oben oder, noch schlimmer, nach unten geht.

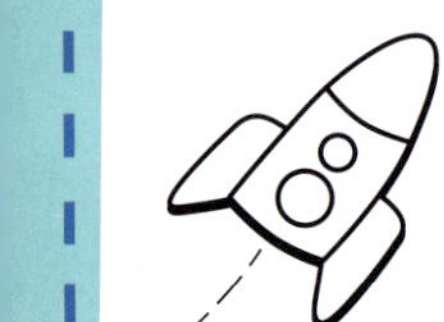

Bis zu 18 Meter pro Sekunde können die neusten Errungenschaften in die Höhe schießen. Das ist zwar echt wenig im Vergleich zu einer Rakete, die immerhin mit zwei Kilometern pro Sekunde startet und damit mehr Schub hat als ihr Startgewicht, aber schließlich schießen die modernen Aufzüge ja auch nicht mit Feuerkaracho in die Luft, um die Erde zu umrunden, sondern mit Hilfe eines Magneten, wie man im Turm-Test-Zentrum erfahren kann. Insofern ist die Fahrt nach oben nicht nur eine aufregende Sache für alle, die sich gern in die Lüfte begeben, sondern auch spannend für jene, die sich für Technik interessieren.

Adresse TK Elevator Testturm, Berner Feld 60, 78628 Rottweil // **ÖPNV** Mo–Fr Bus 5011 ab Rottweil Bahnhof // **Anfahrt** A 81, Ausfahrt Rottweil // **Öffnungszeiten** Fr–So 10–18 Uhr; Eintritt Familienticket 26 Euro, Einzelticket 9 Euro, Kinder 5 Euro // ab 6 Jahre

TIPP: Die Außenmauern der nahen Burgruine Neckarburg stehen noch, der Rest ist weg – fast schon gespenstisch!

82_DIE WESTERNSTADT

Wo die wilden Cowboys wohnen

Es ist früh am Morgen. Die Sonne kämpft sich still und leise im Osten über den Horizont, noch ist es ganz ruhig, und ein lichter Nebel liegt über dem Wasser. Durch das sanfte Licht zeichnen sich Planwagen und Blockhütten ab. Doch was ist das? Ein greller Laut, fast schon ein Schrei! Mamaaaaaa! Da läuft ein Kaninchen. Und aus ist es mit der Stille. Der Morgen beginnt. Denn niemand, niemand, der hier übernachtet, möchte wirklich lange schlafen. So schön die Gelegenheiten auch sind. Denn schließlich wartet direkt nebenan Europas schönster Freizeitpark.

Der Europa-Park hat viele Hotels und Unterkünfte zu bieten. Schließlich reisen die Menschen von weit her an, um diesen beliebten Park zu besuchen. Aber von allen Unterkunftsmöglichkeiten ist die Westernstadt die außergewöhnlichste. Denn man hat wirklich eine Westernstadt mit allem Pipapo nachgebaut: mit Saloon und Blockhütten, mit Lagerfeuerstellen und Planwagen, sogar mit Reitmöglichkeit auf wilden Büffeln. Und mit einem Restaurant, dessen Speiseangebot direkt aus Texas zu kommen scheint: Steak, Burger, Spareribs. Und über allem thront der Büffelkopf und wacht über die Bewohner des Dorfes.

Zur Westernstadt gehört übrigens auch ein Tipi-Zeltplatz, ist ja klar: Wo Cowboys sind, dürfen Indianer nicht fehlen. Doch in Rust koexistieren beide friedlich. Wäre aber auch zu schade, in so einer Umgebung gegeneinander zu kämpfen!

Adresse Europa-Park Camp Resort, Europa-Park-Straße 2, 77977 Rust, Tel. 07822/7714100, www.europapark.de // ÖPNV Zug ab Freiburg/Baden-Baden bis Herbolzheim, dann Bus 7200 // Anfahrt A 5, Ausfahrt Europapark

TIPP: Natürlich der Park nebenan. Der ist immer toll, ganz besonders schön aber zu Halloween oder an Weihnachten. Dann ist er so prächtig geschmückt, dass allein die Deko den Eintritt wert ist.

83_DIE FACHWERKSTADT

Wer kann das bauen?

Wer bauen will, muss was von Statik verstehen. Statik? Was ist denn das? Statik hat etwas mit Stabilität zu tun. Und wer immer schon einmal wissen wollte, wie man ein Haus ohne Beton und Stahl bauen kann, ohne dass es danach wieder in sich zusammenfällt, der sollte sich ein Fachwerkhaus anschauen. Denn Fachwerk ist das perfekte Beispiel dafür, wie man aus Holz und Lehm etwas richtig Stabiles bauen kann.

Nun gibt es ja viele Fachwerkhäuser in Süddeutschland. Und deshalb gibt es auch die Deutsche Fachwerkstraße, die von Heidelberg über den Schwarzwald zum Bodensee führt. Und überall gibt es natürlich Fachwerk zu sehen. Aber bei alledem steht fest: In keinem anderen Ort Deutschlands gibt es so viel und so sehenswertes Fachwerk zu sehen wie in Schiltach im Kinzigtal. Hier braucht man kein Museum und keine Schautafel, um zu begreifen, wie Fachwerk funktioniert. Hier braucht man nur Häuser von außen zu betrachten.

Aber was genau ist Fachwerk eigentlich? Fachwerk bedeutet: Unten ist ein Sockel aus Stein, darauf wird ein Gerüst aus Holz gebaut, das durch seine dreieckige Anordnung der Balken sehr stabil ist. Dieses Gerüst wird mit dem gefüllt, was die Umgebung so hergibt. Das kann ein Stroh-Lehm-Gemisch sein, oder einfach nur Lehm. Das macht das Haus nicht nur stabiler, als es ein reines Holzhaus ist, es macht es günstiger (weil man weniger Holz braucht), es macht es feuersicherer (weil Lehm nicht brennt) – und schön ist es außerdem.

TIPP: Am Marktplatz von Schiltach gibt es ein Apothekenmuseum – mit einer tollen Ausstellung über die Behandlung von Krankheiten in früheren Zeiten.

Adresse Schloßbergstraße, 77761 Schiltach // **ÖPNV** Zug ab Offenburg // **Anfahrt** über die B 294 // **Öffnungszeiten** frei zugänglich

84_DAS BAUMZELT

Schwebend schlafen

Wie komme ich denn da hoch? Hmmmmm?! Ein bisschen Geschick ist schon erforderlich. Aber dann klappt es prima. Denn es gibt am Rand unter dem Zelt einen bequemen Einstieg – da schlüpft man rein, rollt seine Isomatte und seinen Schlafsack aus, und schon hat man ein schwebendes Bett. Unter dem Zelt steht eine Kiste. Zum Drauf- und Ins-Zelt-Steigen, aber auch, um das Gepäck darin aufzubewahren. Daneben: zwei Stühle. Schließlich will man beim Campen ja nicht immer nur liegen, sondern eben auch mal sitzen. Mehr gibt es nicht, wenn man ein Baumzelt mietet. Braucht man aber auch nicht. Denn alles andere findet man nur ein paar Fußschritte entfernt.

Möglich ist das Hängematten-Wasserbett-Gefühl auf einem kleinen, weitestgehend wild gelassenen Campingplatz mitten im Wald nahe des Sees, dem Schwarzwaldcamp. Es gibt eine Lagerfeuerstelle, wo man zusammen mit anderen Campinggästen ein Feuer machen kann, natürlich gemeinschaftliche Sanitärblocks, es gibt Tipis, in denen man schlafen kann, und »Gisela, die Gondel«, eine ausrangierte Skigondel aus den französischen Alpen, die zu einem Mini-Mobile-Home umgebaut wurde. Natürlich kann man auch mit dem eigenen Zelt kommen oder mit einem Campingbus, Wohnmobile finden jedoch keinen Platz, sie sind einfach zu groß. Strom gibt es auch keinen, und auch keine Beleuchtung. Dafür aber hat man das echte Wald-Gefühl, ein Draußen-Gefühl, vor allem aber das schwebende Bett.

TIPP: Der See liegt nur wenige Schritte vom Schwarzwaldcamp entfernt, auch wenn man nicht direkt hinlaufen kann. Circa einen Kilometer entfernt sind die Bootsanlegestelle und ein Badestrand.

Adresse Gewann Zeltplatz 2, 79859 Schluchsee, Tel. 07656/9884348, www.schwarzwaldcamp.com, Preise 85 Euro/Zelt/Nacht // **Anfahrt** über die B 500

85_DER U(H)RWALDPFAD

Immer dem Kuckuck nach

Wer an den Schwarzwald denkt, hat meist ganz schnell auch die Kuckucksuhr vor dem inneren Auge. Ist doch so, oder? Doch auf dem U(h)rwaldpfad zeigen sie dem Besucher nicht die Zeit an, sondern dienen als Wegweiser, als Ort zum An- und Innehalten, vor allem aber als Brut- und Nistplätze für die fliegenden Waldbewohner.

Der Wanderweg ist nichts für Weicheier. 8,6 Kilometer ist er lang, und es geht ganz schön oft und auch ganz schön steil nach oben, zum Glück aber dann auch wieder nach unten, fast 400 Meter. Doch zu jammern braucht niemand. Denn unterwegs gibt es so viel zu sehen! Gleich am Anfang gibt es die Auerhuhnkugelbahn (Holzkugel mitnehmen!), dann läuft man vorbei an Bächen und durch Wälder auf den Rohrhardsberg, von wo aus man einen super Blick hat. Kurz nach dem Gipfel kommt man dann zur Schwedenschanze, einem alten Bauernhof, wo man heutzutage einkehren kann. Jetzt erst mal eine Portion Pommes und ein Eis! Danach wird es gemütlicher. Vorbei an dem höchstgelegenen Bauernhof des Mittleren Schwarzwalds, dem Schänzlehof, führt der Weg zur Walderlebnisstation. Dort steht ein hölzernes Riesenwildschwein, auf das man klettern kann. Und wer es bis hierhin geschafft hat, kann auch gleich aufatmen. Denn jetzt geht es nur noch ein klein bisschen bergauf, neben den Elzfällen, die sanftmütig nach unten plätschern, und schon ist man zurück bei der ersten Kuckucksuhr.

Adresse Parkplatz Mühlebühlbrücke, 78136 Schonach, man sollte mit mindestens vier Stunden rechnen; optimale Wanderzeit ist ab Ende April bis Winter; wer nicht die ganze Tour machen möchte, kann auch vom Parkplatz die Elzfälle nach unten zum Wildschwein wandern // ÖPNV Bus 274 am Wochenende ab Elzach oder Schonach // Anfahrt über die L 109 // Öffnungszeiten frei zugänglich // ab 7 Jahre

TIPP: In Schonach steht die »Erste weltgrößte Kuckucksuhr«!

86_DER EICHENER SEE

Mal ist er da, dann wieder nicht

Schon mal von Kiemenfußkrebsen gehört? Das sind Krebse, die haben seit der Dino-Zeit überlebt, und sie leben in einer so großen Population im Eichener See, dass der strengstens geschützt wird. Schließlich findet man diese spezielle Sorte sonst kaum noch auf der Welt. Es sind also echte Dino-Krebse.

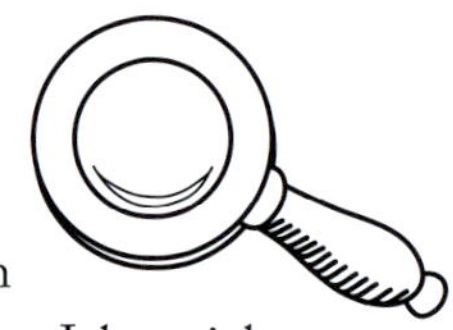

Aber da gibt es noch was, was den Eichener See zu einem ganz besonderen See macht. Er ist nämlich ein Zaubersee. Denn manchmal ist er da, und dann auch wieder nicht. Es kann sogar vorkommen, dass er mehrere Jahre nicht erscheint, einfach vom Erdboden verschwindet, oder sagen wir lieber: im Erdboden verschwindet. Doch dann taucht er wieder auf. Der wissenschaftliche Grund lautet: Der Eichener See liegt in einer Doline, also auf Muschelkalk, was dazu führt, dass das Grundwasser bei zu viel Regen oder Schnee nicht abfließen kann und nach oben drückt. Sobald das Grundwasser aber wieder fließt, verschwindet auch der See. Und die Krebseier können trocknen, was sie müssen, damit sie beim nächsten Wasserschub schlüpfen können. Es geschieht ihnen also nichts, wenn der See verschwindet.

Doch für so einen richtigen Zaubersee braucht es natürlich noch mehr als Dino-Krebse und plötzliches Auftauchen. Es braucht außerdem eine Legende. Und jene des Teilzeitsees besagt, dass einmal im Jahrhundert Menschen im See ertrinken. In diesem Jahrhundert ist noch niemand ertrunken. Also: auf keinen Fall baden! Mal davon abgesehen, dass es eh verboten ist …

TIPP: Keine vier Kilometer östlich des Sees liegt die Erdmannshöhle in Hasel, eine der ältesten Tropfsteinhöhlen Deutschlands (www.gemeinde-hasel.de).

Adresse an der B 518, 79650 Schopfheim, barrierefrei (Feldweg) // **ÖPNV** Bus 7335 ab Schopfheim // **Anfahrt** von Schopfheim Richtung Wehr // **Öffnungszeiten** frei zugänglich

87_DER STEINKREIS

Fast wie bei den alten Kelten

Es waren einmal 19 Mädchen, die an einem heiligen Sonntag statt zu beten vergnügt getanzt haben. Die Gegend wurde gerade christianisiert, und um das Volk bei christlicher Disziplin zu halten, musste ein 3.000 oder 4.000 Jahre alter Steinkreis für die »Sünden« der Mädchen herhalten. Denn flugs wurde behauptet, Gott hätte in seinem Zorn die Mädchen, die da im Kreis tanzten, verzaubert. Und so kommt es, dass in Cornwall ein Steinkreis steht, mit 19 Steinen im Kreis, einem im Mittelpunkt und zwei weiter draußen (für die Musikanten).

Nun liegt Cornwall ja aber nicht im Schwarzwald. Den Steinkreis gibt es dort dennoch. Denn Mitte der 1990er Jahre machten sich Schüler und Lehrer von vier Schulen aus Schömberg und Bad Liebenzell daran, den Steinkreis aus Cornwall im Schwarzwald nachzubauen. Und das ziemlich genau.

Nun glaubt man im Schwarzwald ja nicht unbedingt an solch eine Strafe Gottes, doch an ein bisschen Magie irgendwie schon. Unter dem Mittelstein kreuzen sich drei Wasseradern, von denen, so sagen es die Schwarzwaldhexen, magische Kräfte ausgehen, und die beiden Steine am Rand markieren den Sonnenauf- beziehungsweise -untergang bei der Sonnenwende.

Alles schön und gut. Aber am meisten Spaß macht nicht die Legende, sondern das Hochklettern. Außerdem kann man die archaischen Zeichen, die in die Steine gehauen wurden, deuten. Und manchmal, wenn das Licht gut steht und die Schatten richtig fallen, können die Steine zu richtigen Gesichtern werden. Und das ist dann doch ein bisschen gruselig.

Adresse Liebenzeller Straße 29, 75328 Schwarzenberg-Schömberg // **Anfahrt** über die L 343 // **Öffnungszeiten** frei zugänglich // ab 4 Jahre

TIPP: Auf halber Strecke nach Bad Liebenzell stehen weitere Steine am sogenannten Mahdsbrunnen. Sie stammen aus vorrömischer Zeit und wurden in den 1980er Jahren ausgegraben. Einen Barfußpfad gibt es fast direkt neben dem Brunnen.

88_DER NIXENFELSEN

Lieber nur anschauen, nicht anfassen

Da sitzt die Nixe und schaut auf den Mummelsee. So, als könne sie kein Wässerchen trüben. Dabei ist sie kreuzgefährlich! Schließlich will sie jeden, der zu ihr kommt, in die Tiefe des Sees ziehen. Erst singt sie wunderschöne Lieder, und wenn man ihr dann verfällt, wird sie zu einem Monster und ertränkt den Schwärmenden, um aus ihm eine Seerose zu machen. Und schaut man auf den Mummelsee, dann fällt auf: viele Seerosen! Sie alle sollen die Seelen der Verstorbenen sein, die der Nixe verfallen sind. Das zumindest sagt die eine Legende.

Doch es gibt noch eine zweite Geschichte, die sich um die Nixe des Mummelsees dreht, und die ist nicht ganz so gruselig. Nur ein bisschen. Sie besagt, dass im Mummelsee ein Nixenkönig wohnt – mit vielen Töchtern. Früher, an kalten Winterabenden, stiegen die Nixen des Mummelsees aus dem Wasser und vertrieben den Bauern des Schwarzwalds die Zeit. Doch um Mitternacht mussten sie zurück ins Wasser. Nun verstellte eines Tages ein Bauernsohn die Uhr, sodass alle Nixen zu spät zurück in den See kamen. Der Nixenkönig wurde wütend und tobte. Blutlachen schwammen auf dem See, und die Nixen wurden nie mehr gesehen.

Ganz gleich, welche der beiden Legenden die richtige ist: Man kann zum Nixenfelsen laufen oder von der Mummelsee-Erlebniswelt mit einem Tretboot hinfahren. Und mit ein bisschen Glück kann man auf dem Grund des Sees auch das Schloss des Nixenkönigs sehen. Nur eines sollte man nicht: hinschwimmen.

Adresse Mummelsee, Schwarzwaldhochstraße, 77889 Seebach, barrierefrei (Feldwege und Planken) // ÖPNV Bus X45 ab Baden-Baden // Anfahrt über die B 500 // Öffnungszeiten Tretbootverleih Mai–Okt. täglich 10–18 Uhr, See und Nixe frei zugänglich // ab 3 Jahre

TIPP: Auf dem Abenteuerspielplatz der Erlebniswelt Mummelsee können Kinder der Geschichte des Nixenkönigs lauschen und die Hütte des Mummelsee-Geistes erforschen.

89_DER WASSERSPIELPLATZ

Matschepampe überall

Was für ein Vergnügen! Die Sonne knallt vom Himmel, die Eltern liegen entspannt an der Nagoldsperre und schauen aufs Wasser, und die Kleinen toben auf dem Wasserspielplatz. Man kann Bächle umleiten, Staudämme bauen, Wasser in verschiedene Kanäle leiten, Schleusensysteme ausprobieren und sogar Hochwasserwellen erzeugen, wenn man am oberen Ende alles aufstaut und das Wasser dann in den unteren Sandspielbereich auf einmal ablässt. Wumms! Was für eine Wucht!

Der Wasserspielplatz an der Nagoldtalsperre ist Teil des Eisvogelpfads. Denn man mag es kaum glauben: Entlang der Nagold leben diese hübschen, total exotisch aussehenden Tiere, die auch noch Eisvogel heißen. Und obwohl sie so heißen, mögen sie kein Eis, weder Vanille noch Schoko – und schon gar keine gefrorenen Seen oder Bäche. Denn wenn alles zugefroren ist, finden sie kein Futter und verhungern. Schließlich leben Eisvögel von der Fischjagd, und dafür brauchen sie sanfte Bäche mit natürlichen Ufern. Und genau das finden sie hier.

Auf knapp eineinhalb Kilometern läuft man immer am Lebensraum der blauen Piepmätze entlang, hat Aussichtspunkte zum Stillhalten (bei Krach fliegen die scheuen Tiere davon) und erfährt von den Schautafeln alles rund um den kleinen Flieger. Der Weg endet an der Nagoldtalsperre, wo man, direkt neben dem Wasserspielplatz, auch wunderbar baden kann. Eines allerdings braucht es dazu: gutes Wetter. Oder zumindest einen warmen Tag, denn schließlich bleibt auf dem Wasserspielplatz niemand lange trocken.

TIPP: Am nördlichen Seeufer findet sich ein Stück hinter dem ersten Wehr ein gläsernes Baumhaus.

Adresse Erzgrube, 72297 Seewald // **ÖPNV** Bus 7787 ab Freudenstadt // **Anfahrt** über die B 294 Richtung Erzgrube (beschildert) // **Öffnungszeiten** frei zugänglich // ab 2 Jahre

90_CAFÉ MÄRCHENGARTEN

Wo ist Dornröschen?

Das Fenster von Frau Holle ist genau gegenüber von Schneewittchen, die in ihrem gläsernen Sarg liegt. Und was ist das? Ist das etwa der Froschkönig? Wie ging das Märchen doch? Und warum sitzt der grüne Schleimer noch mal da oben auf dem Brunnen?

Eigentlich weiß man gar nicht, wohin man zuerst schauen soll, wenn man den Märchengarten betritt. Denn man findet wirklich alle, also so gut wie alle Märchengestalten, die die Gebrüder Grimm erschaffen haben. Da sind nicht nur Frau Holle und der Froschkönig, auch Hänsel und Gretel haben ihr eigenes kleines Reich. Rapunzel lässt ihr Haar herab, Brüderchen und Schwesterchen laufen Hand in Hand durch die Welt, Dornröschen schläft und schläft und schläft, und der gestiefelte Kater hält Wache. Wer Märchen mag, wird das Café Märchengarten lieben und sich fühlen wie Hans im Glück, wenn er die handgeschaffenen Miniaturen sieht, die direkt neben der Besuchsterrasse des Cafés ausgestellt sind.

Anfassen ist nicht erlaubt. Aber schauen kann man Stunde um Stunde und immer mehr Details finden, je länger man da ist. Und wenn man genug hat? Dann isst man eben Kuchen oder Eis und schaut in die wunderschöne Landschaft ringsherum. Auf die Wiese mit Kühen nebenan, auf den Bach und natürlich das schöne Simonswäldertal, wo sich der Märchenort befindet. Nur Max und Moritz, die den Gast am Eingang begrüßen, passen irgendwie nicht hierher. Sind eben keine Grimm-Figuren. Und deshalb müssen sie ja auch draußen bleiben.

Adresse An der Niederbruck 18, 79263 Simonswald, Tel. 07683/252, www.cafe-maerchengarten.de // ÖPNV Bus 7272 ab Waldkirch/Bleibach // Anfahrt über das Elztal // Öffnungszeiten Sa–Mi 9–20 Uhr

TIPP: Etwas weiter oben im Dorf an der Hauptstraße gibt es einen Minigolfplatz mit Schwarzwaldmühle, bei gutem Wetter 12–19 Uhr.

91_DAS DONUT-BOOT

Kreisrund auf dem Titisee

Am besten reserviert man einen Donut. Keinen zum Essen, einen zum Fahren! Ein Donut ist ein kreisrundes Boot, auf dem bis zu zehn Personen Platz haben. Und schon geht's los: Mit Sonnenschirm und Tisch in der Mitte fährt man mitten auf den See.

Dabei ist der Titisee kein gewöhnlicher See, sondern ein echter Geistersee. Niemand weiß wirklich, wie tief er ist. Man schätzt so rund 20 Meter, doch die Legende besagt, dass derjenige, der die Tiefe des Sees ermessen will, eine Stimme vernimmt die hallt: »Ergründest du mich, ersäufe ich dich, und willst du mich messen, so will ich dich fressen!« Also besser nicht hinabtauchen. Ist eh viel zu kalt. Besser man bleibt auf dem Donut-Boot. Da kann man sich drehen und auf dem Wasser schweben und den Geistern, die in der Tiefe hausen, ganz einfach ein Schnippchen schlagen!

TIPP: Natürlich gibt es jede Menge andere Boote, die man mieten kann. Beim Bootsanleger gibt es außerdem viele tolle Stellen, wo man Steine ins Wasser werfen kann, und in der Strandbadstraße gibt es einen Schwimmpark.

Da der Titisee zwei Kilometer lang und 750 Meter breit ist, kann man richtig weit schippern. Wer eine Vesper dabei hat, kann am bootseigenen Tisch essen. Das Wasser kann man sich aus dem Titisee holen. Schließlich hat es Trinkwasserqualität, da es sich dank einer Quelle ständig erneuert. Und da Trinkwasser auch immer ganz klar ist, kann man bis in die Tiefe schauen und vom Boot aus die Fische beobachten, einen Flussbarsch zum Beispiel, eine Forelle oder ein Rotauge. Dabei werden manche der Fische riesengroß. Bis zu 1,30 Meter sagt man den Hechten nach: Also, nicht erschrecken, wenn man einem begegnet! Es ist nur ein Hecht. Kein Geist. Die leben in der Tiefe.

Adresse Drubba Bootsvermietung, Seestraße 37, 79871 Titisee-Neustadt, Tel. 07651/9812489, www.boote-titisee.de // ÖPNV Höllentalbahn ab Freiburg oder Neustadt // Anfahrt über die B 31 // Öffnungszeiten Saison ab Februar, nur bei gutem Wetter; Preise 30 Minuten ab 35 Euro // ab 3 Jahre

92_DIE ERLEBNISTOILETTE

Pipimachen bei Vogelgezwitscher

Die meisten Orte möchten gern einen Wiedererkennungseffekt haben. Also etwas, das sie von anderen Orten unterscheidet und zu etwas Besonderem macht. Und Titisee, der Ort, war wohl der Meinung, der See reiche dafür nicht aus. Also bauten sie flugs eine echte Erlebnistoilette, eine Wohlfühl-Kloase sozusagen.

Nun mag man sich fragen, wie man eine Toilette zu einem Erlebnis machen kann. Ganz einfach: Man lässt Vögel zwitschern, damit man die vielleicht etwas unangenehmen Geräusche aus der Nachbartoilette nicht hört, man lässt alle 20 Minuten einen Kuckuck rufen und setzt Waldduft-Zerstäuber gegen natürliche Klogerüche ein.

Und weil das noch nicht ausreicht, hängen Bilder vom Wald und vom See an den Wänden. Und für das kuschelige Gefühl hat man Moos-Paneele an die Wände montiert. Auf den Türen sind Schwarzwald-Mädels mit Tracht zu sehen, die den Pinkelbedürftigen nach innen geleiten. Die Herren werden natürlich von Männern begleitet, und das Ganze ist in Schwarz, Rot und Weiß gehalten, den Farben des Schwarzwalds.

Ob das Pipimachen dadurch schöner wird, muss man selbst ausprobieren – für einen Euro ist man dabei. Aber Spaß macht es auf jeden Fall. Vor allem wenn gerade ein Kuckuck ruft und der Duftzerstäuber die sonst eher unangenehmen Gerüche übertüncht. Und wer nicht muss, kann sich das Luxus-Klo natürlich auch nur mal von außen ansehen. Klo bekomms!

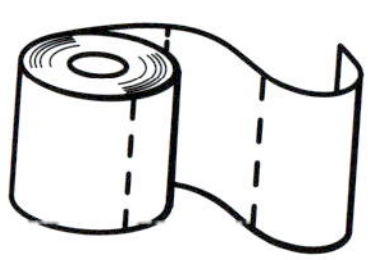

Adresse Parkplatz am Kurhaus, Strandbadstraße 4, 79822 Titisee // ÖPNV Höllentalbahn ab Freiburg oder Neustadt // Anfahrt über die B 31 // Öffnungszeiten frei zugänglich

TIPP: Das nette Räuberkaffee (Parkstraße 7), wo es super Schwarzwälder Kirschtorte und frisch gerösteten und gemahlenen Kaffee gibt, ist im alten Polizeiposten von Titisee untergebracht.

93_DIE HOCHFIRSTSCHANZE

Aus der Perspektive eines Adlers

Auf die höchste Naturschanze Deutschlands kann man theoretisch rauflaufen. Denn Naturschanze heißt: Sie wurde sowohl im Anlauf- als auch im Aufsprungbereich an den Berg geschmiegt, was wiederum bedeutet: Man kann nach oben laufen, ohne auf einen riesigen Betonturm klettern zu müssen. Im Winter ist sie häufiger gesperrt. Und oft ist es auch einfach zu gefährlich hochzukraxeln, weil zu glatt. Dann geht es eben nicht. Aber im Sommer kann man es gern einmal probieren, zumindest ein Stück weit.

Und dann steht man da. Blick nach unten. Uaaaaaah! Geht das steil runter. Und tief. Unglaublich tief. Aber was für ein Ausblick! Unten, weit weg, liegt Neustadt, umgeben von Bergen. Will man da wirklich runterfahren? Auf Ski? Mit einer Geschwindigkeit bis zu 90 Stundenkilometer? Und dann? 145 Meter durch die Luft fliegen? Nein, unsereins dann wohl doch eher nicht. Aber die Skispringer, die tun so etwas. Sven Hannawald zum Beispiel. Er flog am 2. Dezember 2001 mit 145 Meter den ersten Schanzenrekord. Das war direkt nach dem Umbau der Schanze im Jahr 2000, der aus einer »normalen« Skisprungschanze eine Weltcup-Schanze machte. Seitdem konnten die Schwarzwaldadler, wie man die weltbekannten Skispringer um Sven Hannawald nannte, auf ihrer Hausschanze Rekorde springen, was sie dann auch gern machten.

TIPP: Es gibt in der Fullbergstraße 20 eine Wassertretstelle.

Bis heute wird auf der Schanze im Weltcup geflogen. Wer will, kann gern zuschauen. Oder im Sommer eben selbst nach oben klettern. Aber bitte: nicht fliegen!

Adresse Schützenstraße 22, 79822 Titisee-Neustadt // **ÖPNV** Höllentalbahn bis Neustadt // **Anfahrt** von Neustadt über die Schützenstraße // **Öffnungszeiten** frei zugänglich // ab 6 Jahre

81
80
75
70
65

94_DAS LEBKUCHENHAUS

Wer knuspert an meinem Häuschen?

Hmmmmm, lecker! Lebkuchen. Tja, Pech gehabt! Denn das Lebkuchenhaus in Todtmoos besteht nicht aus echten Lebkuchen, sondern aus hölzernen. Dabei sind Lebkuchen doch in dem schönen Wallfahrtsort *die* kulinarische Besonderheit. Nicht umsonst heißen die Menschen aus dem Dorf »Lebküchler«, und überall wird mit dem leckeren Weihnachtsgebäck geworben.

Aber, ganz ehrlich? Lebkuchen schmecken doch eh viel besser im Winter. Was soll man damit im Sommer? Da ist es dann doch gut, dass das Lebkuchenhaus in Todtmoos aus Holz ist. Aber, und das ist wie bei einem richtigen Lebkuchenhaus, es hängt voller Lebkuchen. Die sind aus Holz gemacht, wurden von Kindern bemalt und schmücken jetzt das schöne Haus im Kurpark. Zurück geht diese Initiative auf das Märchenfest 2014, als man sich entschied, ein riesiges Lebkuchenhaus zu bauen, unter Beteiligung aller Kinder, die mitmachen wollten. Und das ist daraus geworden: ein kunterbuntes Haus, das immer wieder neue Schindeln bekommt.

Noch gibt es Schindeln in der Touristeninformation zu kaufen, für einen Euro das Stück. Die kann man dann bemalen, zurückbringen, und dann werden sie zu den anderen Schindeln gehängt. Was passiert, wenn alle Schindeln bemalt sind? Das weiß im Moment noch niemand. Sicher aber ist: Das Lebkuchenhaus bleibt stehen. Denn es ist wirklich richtig schön zum Anschauen. Und bei Regen kann man sich unterstellen. Nur sitzen geht nicht. Aber das macht nichts: Am Spielplatz nebenan gibt es genügend viele Bänke.

TIPP: Richtig gute und noch dazu echte Lebkuchen gibt es im Café Bockstaller auf der anderen Seite der Wehratalstraße (www.cafe-bockstaller.de).

Adresse Wehratalstraße 19, 79682 Todtmoos, frei zugänglich, barrierefrei // **ÖPNV** Bus 7328 ab Bad Säckingen // **Anfahrt** über die L 151 // **Öffnungszeiten** frei zugänglich

95_LANDSITZ ALPENBLICK

Wo schaukelt es sich am schönsten?

Schon mal in einem Vogelhaus gesessen? Nein? Dann wird es aber allerhöchste Zeit. Oberhalb von Todtnauberg kann man das. Aber damit nicht genug. Man kann dabei sogar schaukeln. Denn im »Landsitz Alpenblick«, wie sich die Konstruktion nennt, hängen drei Vogelhäuschen mit Ketten an einem dicken Drahtseil. Man kann sich reinsetzen, in alle Himmelsrichtungen schwingen, die Beine baumeln lassen und ins Land schauen, wenn man Glück hat, sogar bis zu den Alpen. Aber auch ohne Alpenblick kann man richtig schöne Landschaften sehen, Todtnauberg im Vordergrund, das Wiesental im Hintergrund, und schaut man schräg rechts um die Ecke, sieht man sogar den Belchen.

Diese lustigen Kuckucksschaukeln gehören zu den »Landsitzen«, einem Gemeinschaftsprojekt des Todtnauer Ferienlandes, das zusammen mit Hinterzarten, Schluchsee, Titisee und dem »Vitra Design Museum« in Weil außergewöhnliche Sitzgelegenheiten geschaffen hat. Jeder Landsitz wurde individuell gestaltet. Derjenige oberhalb von Todtnauberg wurde von Schreinermeistern aus der Region zusammen mit einem Vitra-Designer aus einheimischer Weißtanne gefertigt. So sind die drei wunderbaren Schaukeln nicht einfach nur tolle Sitzgelegenheiten, großartige Schaukeln und die Orte mit dem besten Alpenblick, sondern echte Designerstücke zum Anfassen.

TIPP: Ein Stück weiter, zwischen Landsitz Alpenblick und Parkplatz, finden sich gleich zwei weitere tolle Sitzgelegenheiten: ein Riesenstuhl mit Plexiglasfront und die längste Baumliege der Welt.

Adresse oberhalb von 79674 Todtnauberg am Martin-Heidegger-Rundweg // ÖPNV Bus 7215 ab Kirchzarten beziehungsweise Todtnau // Anfahrt durch den Ort bis zum Wanderparkplatz Radschert // Öffnungszeiten frei zugänglich // für Kinder jeden Alters

96_DER KUGELWALDPFAD

Gebt euch die Kugel!

Erst läuft man ein Stück. Dann kommt man zu einem Kaugummi-Automaten. Nur: Da sind keine Kaugummis drin, sondern Holzkugeln. Die kosten einen Euro und sind dringend notwendig. Denn ohne Kugel läuft hier gar nichts! Schließlich befinden wir uns im Kugelwald, und da gibt man sich eben die Kugel. Man legt sie auf eine Bahn, gibt ihr einen sanften Schubs, und schon rollt sie davon. Über Bahnen, bergauf (!) und bergab, landet sie am Ende fast immer in einem Topf.

Wer auf dem Kugelwaldpfad wandelt, bekommt keine Langeweile. Niemals. Denn man kann so viele Murmelbahnen ausprobieren wie niemals im Leben zuvor. Je nach Alter und Müdigkeit kann man zwischen mehreren Laufwegen wählen, doch wie gesagt: Das Laufen ist absolute Nebensache. Denn alle paar Meter bleibt man stehen, gibt der Kugel einen Stoß, und schon rollt sie davon! Die kleinsten Waldläufer bevorzugen fast immer den kurzen Weg, die Kugelwaldbahn der Waldtiere. Man läuft gerade mal 600 Meter, hat aber irre viele Stationen. Die Größeren laufen dann eher die große Runde, die Kugelwaldbahnen der Holzverarbeitung. Dann ist man schon länger unterwegs. Insgesamt eineinhalb Kilometer. Außerdem geht es bei der Holzverarbeitungsrunde ganz schön bergab und wieder bergauf. Dafür aber erfährt man eben auch sehr viel mehr als bei den Waldtieren. Doch ganz egal, welchen Weg man läuft, Spaß macht er immer. Und das nicht nur den Kleinen. Meist sind die Großen mit dem gleichen Feuereifer dabei. Sogar die Oma und der Opa!

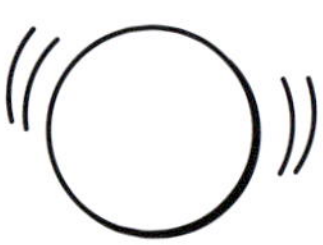

TIPP: Etwas unterhalb des Kugelwaldpfads liegt der Naturena Badesee. Einfach der Straße nach unten folgen. Nur im Sommer geöffnet. Bei gutem Wetter ist im Herbst wochenends der Kiosk offen.

Adresse Im Tal, 79777 Ühlingen-Birkendorf // Anfahrt über die L 157 // Öffnungszeiten frei zugänglich // ab 3 Jahre

97_INTERNATIONALES LUFTFAHRTMUSEUM

Die Wunderwelt der Propellermaschinen

Wer wollte nicht schon immer einmal in so einen Doppeldecker steigen? Die Schnauze zeigt steil nach oben, und wer die Leiter ins Innere erst mal erklommen hat, kann bis ins Cockpit vorlaufen. Kinder und schlanke Personen können sich sogar auf den winzigen Pilotensitz quetschen, die anderen nehmen auf einem der acht Ledersitze Platz, die sich im Passagierraum befinden. Und dann Augen zu, Vorstellungskraft an: Die Motoren laufen, die Maschine dröhnt und bewegt sich. Schneller, immer schneller, und dann hebt man ab! Und tatsächlich: Wäre der blaue Doppeldecker ein klein wenig besser hergerichtet und ein klein wenig weniger verrostet, man könnte noch damit fliegen. Denn: Rekord! Das blaue Flugzeug ist der größte noch flugfähige Doppeldecker überhaupt. Nur leider fliegt er eben nicht mehr. Dafür kann man ihn im Museum bestaunen. Zusammen mit rund 50 anderen Flugzeugen. Alle persönlich hergerichtet, repariert und zusammengebaut von Manfred Pflumm, der in der Zwischenzeit verstorben ist.

Seine Witwe, Margot Pflumm, begrüßt ihre Gäste persönlich. Denn so bedeutend das Internationale Luftfahrtmuseum auch sein mag, es ist vor allem eine unglaublich liebevoll gepflegte Sammlung ausrangierter Kleinflugzeuge, die man zum Teil auch besteigen kann. Und natürlich anfassen. Die Maschinen stehen im Feld, im Hangar gibt es die kleinsten Fluggeräte, und wer Fragen hat, der fragt, und Margot erzählt. Von ihrem Mann und den Flugzeugen. Denn über die gibt es viel zu erzählen.

Adresse Spittelbronner Weg 78, 78056 Villingen-Schwenningen, Tel. 07720/66302 // Anfahrt A 81, Ausfahrt Villingen-Schwenningen, 2. Abfahrt Rottweiler Straße // Öffnungszeiten März–Okt. Di–So 9–18 Uhr, Nov.–Feb. bis 17 Uhr; Eintritt Erwachsene 5 Euro, Kinder ab 6 Jahre 2,50 Euro

TIPP: Nur 1,5 Kilometer vom Museum entfernt ist das Neckarbad, ein schönes Hallenbad mit großer Liegewiese (Lupfenstraße 40).

98_DAS SCHWENNINGER MOOS

Wer lebt denn hier?

Vor 14.000 Jahren war das Schwenninger Moos mal ein See. Doch dann vertorfte er und wurde zum Moor. 4.000 Jahre hat das Moor seitdem auf dem Buckel. Ganz schön viele! Und seit über 80 Jahren steht es unter Naturschutz. Muss es auch. Denn das Moor ist ein ganz besonderer Ort bei Schwenningen, den man erhalten will.

Man läuft auf Holzplanken durch die Sumpflandschaft, rechts und links steht Schilf, fast immer höher als ein ausgewachsener Mann. Und dazwischen: das Wasser. Schwarz und matschig. Bleibt man stehen und ist ganz, ganz leise, hört man die Stille. Und dann, plötzlich: ein Reiher. Er gibt Laut, schlägt mit den Flügeln und fliegt davon. Was für ein Spektakel mitten in der Stille. Und was ist das? Quak, quak, quak. Da schwimmen Enten über das Moor. Bizarr! Bei Sonne leuchten sie geradezu auf dem Wasser, das den Himmel reflektiert und die Bäume, als stünden sie kopf. Und wenn es nebelig wird? Dann ist das Moor ein richtiger Gruselort. Ein Knacken hier, ein Zischen dort … gut, wenn man dann nicht allein ist.

TIPP: Auch wenn der Neckarursprung im Moos ist, die Neckarquelle befindet sich im Stadtpark Möglingshöhe. Direkt daneben ist ein Spielplatz.

Das Moos ist drei Quadratkilometer groß, doch man kann nur durch einen Bruchteil davon laufen. Der größte Teil ist nämlich geschützt. So wie der Neckarursprung, der sich mittendrin findet, unzugänglich, aber immerhin gekennzeichnet. Doch das, was man sieht, ist vollkommen ausreichend, um zu begreifen, wie wundervoll so ein Moor ist. Nur eines sollte man nicht: baden. Lebensgefahr!

Adresse westlich der B 27, 78054 Villingen-Schwenningen, barrierefrei // **Anfahrt** über Dürrheimer Straße // **Öffnungszeiten** frei zugänglich // ab 4 Jahre

99_DIE STADTBÄCHLE

Schiff ahoi!

Zugegeben: Sie haben nicht den gleichen Kultstatus wie die Bächle in Freiburg. Dabei durchfließen sie, ebenso wie in Freiburg, die ganze Innenstadt und tragen damit zu dem einzigartigen Flair bei, den Innenstädte mit Bächle eben nun mal haben. Vor allem im Sommer.

Aber warum gibt es überhaupt Bächle in einer Innenstadt? Sind sie echt nur dafür da, damit man sich im Sommer die Füße abkühlen kann, wenn man in den Bächle läuft statt auf dem Trottoir? Oder gibt es doch einen anderen Grund?

Fragt man im Villinger Franziskanermuseum, dem Museum für Stadtgeschichte, nach, dann erfährt man, dass die Bächle in Villingen einst reine Abwasserkanäle waren. Das waren sie in Freiburg nicht. Dort waren sie Löschkanäle. Aber pfui! In Villingen warf man tatsächlich einfach seinen Müll in das fließende Wasser, das den Unrat dann nach draußen beförderte. Ein bisschen eklig ist das schon. Heute ist das aber natürlich nicht mehr so. Und wen interessieren die alten Geschichten, wenn man am Rand der kleinen Wassersträßchen sitzt, die Füße ins eiskalte Wasser hält und sich über die unerwartete Erfrischung freut? Ganz bestimmt nicht nur die Kinder! Dabei haben die natürlich den größten Spaß. Denn sie planschen nicht nur stundenlang im sauberen Wasser, sondern können auch kleine Schiffe fahren lassen, Bächleboote zum Beispiel. Wer noch keins hat, kann sich eins im Spielwarengeschäft »Zappel-Philipp« kaufen. Denn so ein Bächleboot ist doch das Allerschönste am Bächle!

Adresse Zappel-Philipp, Rietstraße 42, 78050 Villingen-Schwenningen, Bächle sind überall in der Innenstadt // Öffnungszeiten Zappel-Philipp Mo–Fr 9.30–18 Uhr, Sa 9–16 Uhr; die Bächle sind frei zugänglich, werden im Winter aber häufig abgedeckt

TIPP: Noch schöner, als einfach nur mit den Füßen in den Bächle zu sitzen und die Kinder mit dem Bootle spielen zu lassen, ist es, dabei ein Eis zu schlotzen. Sehr gutes Eis hat das Eiscafé Zampolli, Rietstraße 33.

100_DAS ELZTALMUSEUM

Alles Orgel oder was?

Ab dem ersten Adventswochenende ist es festlich geschmückt. Es blitzt und blinkt außen, und innen stehen festlich geschmückte Bäume. Fast könnte man meinen, es sei ein Weihnachtsmuseum. Wenn dann drinnen auch noch ein kleiner Weihnachtsmarkt stattfindet, wie das in manchen Jahren so ist, vergisst man ganz schnell, was für ein Museum das Elztalmuseum eigentlich ist. Und das ist fast ein bisschen schade. Denn hier dreht sich alles um die Orgel.

Am besten man kommt mit Oma oder Opa hierher. Denn die bekommen glasige Augen, wenn sie die historische Sammlung von Dreh- und Jahrmarktsorgeln sehen. Und wenn dann noch eine der Orgeln angeworfen wird und ein Museumsmitarbeiter an der Kurbel dreht, damit die Lochwalze altbekannte Jahrmarktsmusik spielt, ist es ganz um sie geschehen. Aber nicht nur die Großeltern sind begeistert, sondern auch die Kleinen. Denn sie kennen diese alte Technik gar nicht mehr. Sie haben vielleicht noch nie so liebevoll geschnitzte Figuren auf großen Musikinstrumenten gesehen, die sich im Takt bewegen und mit kleinen Stöckchen auf die Kupferbecken schlagen. Und das ist einfach besonders.

Dass ausgerechnet in Waldkirch ein Orgelmuseum steht, ist kein Zufall, gilt Waldkirch doch als *die* Orgelstadt Deutschlands. Hier baut man seit 200 Jahren Drehorgeln und verkauft sie in alle Welt. Und so stehen eben Orgeln im Heimatmuseum. Und das ist auch gut so.

Adresse Kirchplatz 14, 79183 Waldkirch, Tel. 07681/478530, www.elztalmuseum.de // **Anfahrt** am nördlichen Ortseingang in die Freie Straße abbiegen // **Öffnungszeiten** Di–Sa 13–17 Uhr, So 11–17 Uhr; Eintritt Erwachsene 4 Euro, Kinder ab 6 Jahre 1 Euro, Familienkarte 8 Euro, Orgelführungen sonntags, mit Führung etwas teurer, barrierefrei // ab 4 Jahre

TIPP: Die größten Orgelwalzen der Welt liegen bei der Firma Sick vor der Tür auf einer Wiese (Freiburger Straße), frei zugänglich.

101_DIE KASTELBURG

Wie wird man zum Ritter?

Sie sitzt oben auf einem Felsplateau und ist, obwohl sie schon vor rund 400 Jahren zerstört wurde, noch ganz schön gut in Schuss. Sie hat einen Turm, auf den man steigen kann, und große Außenwände. Mit ein bisschen Phantasie kann man sich also vorstellen, wie es war, hier als Ritter oder Burgfräulein zu leben.

Und wenn das nicht so recht gelingen mag mit der Phantasie, dann hat man immer noch die acht mannsgroße Ritterfiguren auf dem Weg nach oben. Sie erzählen nämlich den Besuchern Geschichten aus ihrem Ritterleben. Das ist spannend und lehrreich, und wenn man dann oben ist und die acht Fragen an der großen Quiztafel beantworten kann, dann darf man sich schon ganz stolz Ritterjunge nennen – oder eben Rittermädchen.

Gebaut wurde das alte Kastell übrigens vor gut 750 Jahren. Ganze dreieinhalb Jahrhunderte hat man also hier gelebt. Und wie kann man sich das vorstellen? Das ist – trotz aller Rittergeschichten – nicht ganz einfach. Denn wo waren die Zimmer? Wo die Küche? Und ganz ehrlich: Wo konnten denn bitte die Ritter Pipi machen gehen? Doch wenn man genau hinschaut, kann man einen kleinen Schacht sehen. Das war das Klo. Und die Schießscharten in den Mauern lassen erahnen, dass man stets mit Angreifern rechnen musste. Natürlich kann man auch den Keller in Augenschein nehmen und vielleicht sogar den Kerker. Vor allem aber kann man auf das ganze Elztal schauen. Und das ist ein irre schöner Anblick!

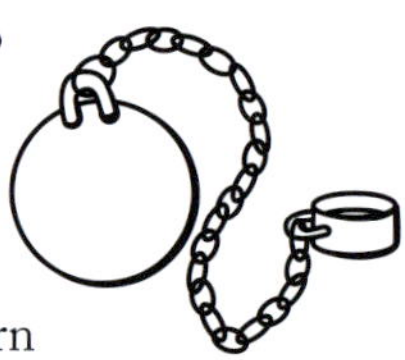

TIPP: Am Stadtrainsee gibt es einen Minigolfplatz, dahinter einen Baumkronenweg (www.baumkronenweg-waldkirch.de) und eine Riesen-Röhren-Rutsche.

Adresse 79183 Waldkirch // **ÖPNV** Zug ab Freiburg, vom Bahnhof 30 Minuten zu Fuß // **Anfahrt** über die B 294 // **Öffnungszeiten** frei zugänglich // ab 4 Jahre

102_DER NARRENBRUNNEN

Narri Narro!

Mannomann. »S'Jokili isch in Brunne gheit, han es höre plumpse«. Das steht geschrieben auf dem Brunnen. Und sehen kann man es auch. Reingefallen ins Wasser. Und die alte Kandelhexe, die sitzt am Rand und stupst mit ihrem Besen. Statt dem armen Jokili zu helfen, stößt sie ihn noch tiefer ins Wasser. Und wer schaut zu und macht nichts? Genau: die Hemdglunker, der Kläbberlebub und die alte Jungfer. Ist doch wirklich der Hammer! Aber was will man von Narren auch erwarten!

TIPP: Wenn man vom Marktplatz zum Brunnen läuft, kann man auf der linken Seite des überdachten Wegs am Rathaus neun Steinbilder sehen. Sie zeigen alte Berufe und Szenen von früher, die Erklärungen finden sich rechts.

Dabei ist das Jokili *die* zentrale Fasnetsfigur der Waldkircher Fasnacht. Er ist der Narr, der Spaßmacher vom Dienst, ohne den gar nichts geht. Mit ihm eröffnet man die Fasnet am Schmutzige Dunschdig, also am Donnerstag vor dem Rosenmontag, und beendet sie am Fasnetsdienschdag, kurz vor dem Aschermittwoch. Denn das Jokili klaut beim Hemdglunker-Umzug, der in Waldkirch schöner ist als im ganzen sonstigen Schwarzwald, dem Bürgermeister den Schlüssel zum Rathaus. Und ausgerechnet dort, im Innenhof, ist er in den Brunnen gefallen. Zum Glück ohne den Schlüssel!

Die Kandelhexe freut's. Denn sie ist überhaupt nicht fürs Spaßmachen zu haben. Sie ist gruselig und will Angst machen. Sie treibt ihr Unwesen, und zwar das ganze Jahr. Vor allem auf dem Kandel, da lebt sie und hext vor sich hin (siehe Ort 54). Aber zur Fasnet kommt sie ins Tal. Sie raubt junge Frauen und veranstaltet einen Hexensabbat. Da hat ein Spaßmacher nichts verloren. Also: zurück ins Wasser, husch, husch!

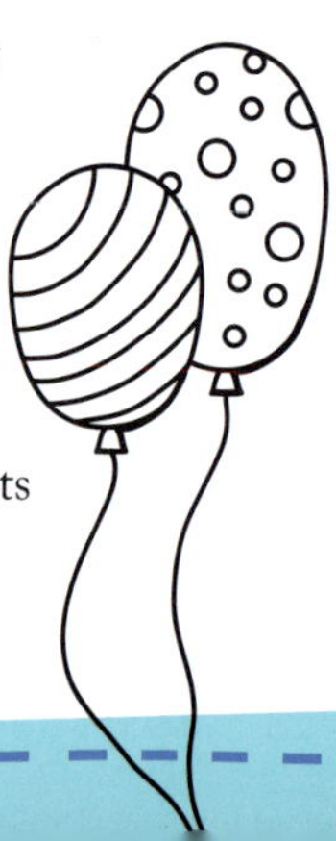

Adresse Marktplatz 1 – 5, 79183 Waldkirch, barrierefrei // **ÖPNV** Zug ab Freiburg // **Anfahrt** über die Freiburger Straße // **Öffnungszeiten** frei zugänglich // für Kinder jeden Alters

WALLBACH (BAD SÄCKINGEN)

103_DAS MÜLLMUSEUM

Upcycling der Extraklasse

Alles begann vor 40 Jahren mit einem kleinen Teddybären. Vater Thomann arbeitete auf einer Mülldeponie, fuhr mit seiner Planierraupe über die Abfälle, da schauten ihn zwei kleine Knopfaugen an. Er brachte es nicht übers Herz, das kleine Tier zu überfahren, nahm es an sich und brachte es seiner Familie, die sich total freute. Und fortan hieß es: »Papa, was hast du uns heute von der Deponie mitgebracht?« So kam Stück um Stück zusammen, bis man sich in den 1990er Jahren dazu entschloss, aus der privaten Sammlung ein kleines Museum zu machen.

Wer ins Müllmuseum kommt, muss gleich dreimal weinen. Einmal, weil es mit so viel Liebe und Schönheit hergerichtet wurde, dass man total gerührt ist; zum zweiten Mal, weil es so unglaublich traurig ist, was Menschen alles wegwerfen. Und dann weint man drittens vor Freude, dass es Menschen wie die Thomanns gibt, die das eben nicht zulassen wollten und aus dem Müll all diese Sachen rausgefischt, sie mit viel Geduld wieder hergerichtet und hier ausgestellt haben.

Und so können wir den Besuch des Museums mit dem vielen Müll genießen. Aber nicht nur die Ausstellungsstücke kommen von der Deponie, die Baumaterialien für das Museum ebenfalls. Denn der Kuhstall der Familie musste herhalten und wurde mit Fenstern, Schränken und Balken, die entsorgt werden sollten, zu einem fünfgeschossigen Museum umgebaut. So ist das Müllmuseum nicht nur ein wunderbar nostalgischer Ort, sondern auch ein Paradebeispiel für Recycling.

TIPP: Im Museum gibt es ein kleines Café, eingerichtet – logisch! – aus Müll, sowie einen wunderbaren kleinen Shop, in dem Unikate, hergestellt aus Müll, verkauft werden. Zum Beispiel Lampen, deren Fuß aus einer Nähmaschine besteht, oder Schmuck aus Schreibmaschinentasten.

Adresse Hauptstraße 162, 79713 Wallbach (Bad Säckingen), Tel. 07761/4325, www.muellmuseum-wallbach.de // **Anfahrt** über die B 34 // **Öffnungszeiten** So 14–17 Uhr oder nach Voranmeldung; Eintritt frei, aber eine Spende ist erwünscht // ab 4 Jahre

104_24 STOPS – DER REHBERGER-WEG

Kunst zum Anfassen

Es sind rund fünf Kilometer voller Kunst. Sie starten in Weil am Rhein und führen nach Riehen in der Schweiz. Unterwegs gibt es »24 Stops« mit Kunstinstallationen, allesamt vom Künstler Tobias Rehberger geschaffen, der Kunst zum Anfassen ausstellen wollte. Ihm macht es überhaupt nichts aus, wenn eines seiner Kunstwerke mit Edding bemalt wird, es ist auch nicht schlimm, wenn mal ein Vogel darauf kackt oder Wind und Wetter an seinen Installationen rütteln. Wichtig ist ihm nur: Kunst muss erlebbar, darf nicht abstrakt und abgehoben sein, sondern gegenständlich, praktisch und trotzdem als Kunst zu erkennen. Das ist super für Kinder, denn sie können Kunst so wirklich anfassen und brauchen keine Angst davor zu haben, etwas kaputt zu machen. Mit Rehbergers Kunst können sie außerdem experimentieren, zum Beispiel beim »Fernglas« oder den bunten Stangen, deren Wirkung sich je nach Blickwinkel verändert. Und ein paar der Kunstinstallationen kann man sogar besteigen, wie den »Hochsitz«.

Der Start des Wegs ist am »Vitra Design Museum«, auf dessen Campus man auch die Röhrenrutsche findet (siehe Ort 95). Es geht kurz an der Straße entlang, bevor man in die Weinberge läuft. Ein bisschen später kommt man durch ein Wohngebiet, dann überquert man zuerst die Grenze in die Schweiz, später den Fluss Wiese, bevor der Rehberger-Weg bei einem anderen Museum endet: der »Fondation Beyeler« in Riehen.

Adresse Start: Charles-Eames-Straße 2, 79576 Weil am Rhein, Ziel: Baselstrasse 101, 4125 Basel-Riehen, barrierefrei (bergauf, teilweise Feldwege), www.24stops.info // ÖPNV Zug ab Freiburg oder Basel // Anfahrt über die B 3 // Öffnungszeiten frei zugänglich // ab 6 Jahre

TIPP: Die Fondation Beyeler in Riehen ist ein tolles Kunstmuseum. Wer genug von Kunst hat, geht ins Spaßbad Laguna in Weil, mit Wellenbad, Röhrenrutschen und Wildwasserbahn.

105_DAS DREILÄNDERECK

Deutschland, Frankreich und die Schweiz

Das gibt es nicht oft: Ein Ort, an dem man mit einem Blick drei Länder sehen kann. Aber im Schwarzwald gibt es so einen Ort. Das sogenannte Dreiländereck liegt bei Weil. Genauer gesagt: auf einer Brücke, die über den Rhein führt. Sie heißt natürlich, wie passend, »Passerelle des Trois Pays«, also Dreiländerbrücke. Und als wäre es nicht schon ausreichend, eine Dreiländerbrücke zu sein, ist sie außerdem die längste Bogenbrücke für Fußgänger der Welt. Denn Autos fahren hier keine, wohl aber Fahrräder.

Am östlichen Ufer liegt Weil am Rhein in Deutschland. Auf der westlichen Uferseite ist Frankreich mit dem Städtchen Huningue. Und wenn man nach Süden schaut, ist die Spitze des Passagierbootterminals Dreiländereck in Basel keine 200 Meter entfernt – in der Schweiz. Also: drei auf einen Blick. Noch schöner wäre es, man könnte mit drei Beinen in drei Ländern stehen. Aber das geht natürlich nicht, schließlich sind drei Beine eins zu viel. So bleibt es bei zwei Ländern: rechter Fuß in Frankreich, linker Fuß in Deutschland, den Blick auf die Schweiz gerichtet, im Vordergrund der große Rheinhafen und weiter in der Ferne die Berge des Schweizer Juras.

TIPP: In Huningue, zehn Fußminuten entfernt, gibt es einen Wildwasserpark für Kajakfahrer und Kanuten (www.facebook.com/PEVHuningue).

Das Besondere ist und bleibt jedoch die Brücke, so stark und markant wie die Verbindung der drei Länder zueinander – und bewusst so asymmetrisch, dass man nicht bloß zwei Länder sehen kann. Sondern eben drei.

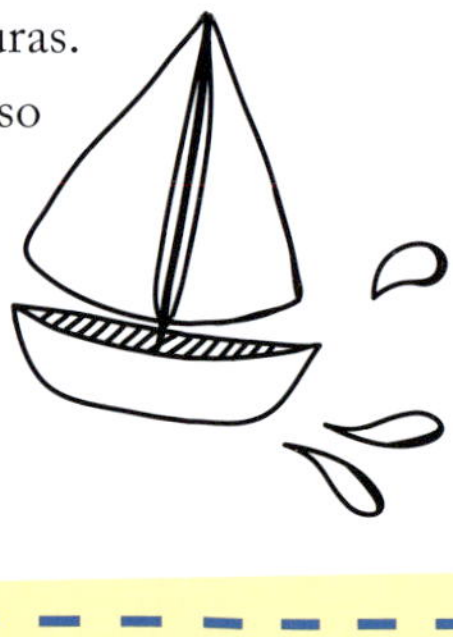

Adresse Hauptstraße, 79576 Weil am Rhein, barrierefrei // **ÖPNV** Zug ab Basel oder Freiburg // **Anfahrt** A 5, Ausfahrt Weil // **Öffnungszeiten** frei zugänglich

106_DER VITRA RUTSCHTURM

Im Affenzahn nach unten

Design und Architektur ist nur was für Erwachsene? So ein Quatsch! Es gibt einen 30,7 Meter hohen Gegenbeweis: den »Vitra Rutschturm«, geschaffen vom deutschen Künstler Carsten Höller auf dem Vitra Campus. Was der Campus ist? Ein großes Gelände, das dem Designmöbelhersteller Vitra gehört, der, eigentlich anfangs eher aus Zufall, eine großartige Sammlung von Gebäuden namhafter Architekten errichten ließ. Der erste Bau war das Museum, das heutige Herzstück des Geländes. Es wurde von dem damals noch unbekannten Frank Gehry als Gefälligkeit gebaut und ist mit seinen schrägen Wänden und den Kuben ein echter Hingucker. Dann gibt es da noch das Feuerwehrhaus von Zaha Hadid, das aussieht, als folge es keinem Gesetz der Schwerkraft, und natürlich das Vitra-Haus, das aus mehreren Häusern übereinandergebaut wurde, und zwar von Herzog & de Meuron. Doch was ist mit den Kindern? Für die ist das doch furchtbar langweilig, oder?

Falsch! Denn erstens sind das Museum und das Vitra-Haus pickepackevoll mit spannenden Entdeckungen. Man kann Schubladen aufmachen, Möbel anfassen, Stoffe fühlen, Stühle bewundern. Vor allem aber kann man rutschen! 17 Meter in die Tiefe auf einer der steilsten Rutschen überhaupt. Für 17 Höhenmeter braucht sie nur 38 Längenmeter. Wer rutscht, verfällt also leicht mal dem Geschwindigkeitsrausch, gut also, dass man gleich wieder nach oben laufen und noch mal von vorne rutschen kann!

Adresse Römerstraße, 79576 Weil am Rhein, www.vitra.com/de-de/about-vitra/campus // **ÖPNV** Zug ab Freiburg oder Basel // **Anfahrt** über die B3 // **Öffnungszeiten** April–Sept. bei gutem Wetter 10–18 Uhr, Okt.–März 12–16 Uhr, Rutschteppiche gibt es in einem Schrank daneben, die Rutsche ist außerhalb der Öffnungszeiten abgesperrt, man kann jedoch hingehen

TIPP: Wenn man schon da ist: unbedingt das Museum und den Shop anschauen!

107_DER BALDENWEGERHOF

Ein saumäßiges Vergnügen

Wer schon immer mal ein Schwein bürsten und es vor Freude quieken hören wollte, muss hierherkommen. An den Stallwänden hängen Klobürsten, und kaum kommt ein Zweibeiner, um sich so ein Ding zu schnappen, traben die behäbigen rosa Tiere los und strecken dem Besucher ihren Rücken hin. Der weiß jetzt, was er zu tun hat: Er nimmt die Klobürste, kratzt einmal über den Rücken des Schweines – und schon ist ein zufriedenes Grunzen zu hören.

Die Schweine auf dem Baldenwegerhof machen einen sehr glücklichen Eindruck, auch wenn sie am Ende natürlich doch verspeist werden. Sie leben auch nicht allein auf dem riesigen Bauernhof. Es gibt jede Menge andere Tiere, nämlich Ziegen, die sich freuen, wenn man sie streichelt, Kühe, die gemütlich muhen und mit den Tauben ums Futter kämpfen, es gibt Hühner hinter Gittern (damit der Fuchs sie sich nicht holt) und Hähne, die mit kleinen Puschelpfoten über das Gelände stolzieren. Am Teich findet man stolze Gänse und wunderhübsche Enten, und ganz manchmal gibt es auch kleine Hasen. Die darf man nicht streicheln. Aber anschauen und süß finden – das geht!

Ja, und dann gibt es hier noch einen super Spielplatz mit einem riesigen Luftkissen, auf dem man so richtig toben kann. Und während also die Papis mit den Kindern toben und Tiere streicheln, können die Mamis im schönen Hofladen einkaufen. Und weil es da köstliche Backwaren gibt, leckere Säfte und Obst, haben am Ende alle was davon. Und genau so soll es sein.

Adresse Wittentalstraße 1, 79252 Stegen-Wittental, www.baldenwegerhof.de // **Anfahrt** über die B 31 // **Öffnungszeiten** Mo–Fr 9–18.30 Uhr, Sa 8–13 Uhr; Eintritt Spielplatz 1,50 Euro, Hof und Ställe frei // ab 4 Jahre

TIPP: Im Waldcafé Faller, im nahe gelegenen Attental, gibt es superleckere Torten!

108_DAS WEIHNACHTSDORF

O Tannenbaum!

Ach, gäbe es doch nur einen Ort, an dem 365 Tage im Jahr Weihnachten ist … Das wäre es! Simsalabim: Da ist er! Der Ort heißt Wolfach. Und in Wolfach gibt es die Dorotheenhütte, eine Glasbläserei, und die haben den Traum wahr gemacht! 365 Tage im Jahr Weihnachten. Nur Geschenke gibt es keine. Dafür aber traumhaft schöne mundgeblasene Christbaumkugeln.

Ein bisschen verrückt klingt das schon: Ein Geschäft, wo auch im Hochsommer Weihnachtsbaumschmuck verkauft wird. Dabei ist das gar nicht so ungewöhnlich. Auch in Triberg und in Basel, jenseits der Grenze, gibt es weitere solche Läden.

Für das vollkommene Weihnachtsgefühl fehlt eigentlich nur noch »Kling, Glöckchen, klingelingeling«, damit die 50 Baumschmuckserien so richtig zur Geltung kommen. Aber auch so ist es eine wirkliche Freude, an geschmückten Weihnachtsbäumen, Nussknackern und anderer Weihnachtsdekoration vorbeizuschlendern. Und wenn man sich vor Augen führt, dass alle Kugeln aus feinstem Glas sind, mundgeblasen und von Hand verziert, dann ist es gleich noch spannender.

Wie das mit dem Mundblasen und der Weihnachtskugelherstellung funktioniert, erfährt man übrigens nebenan in der Kristallglashütte. Man kann den Glasmachern bei der Arbeit zuschauen. Außerdem gibt es natürlich auch ein Museum, wo alles genau erklärt wird. Das kostet Eintritt, aber der Zutritt zur Weihnachtswelt ist umsonst, ebenso wie das befremdlich schöne Gefühl, im Sommer an den Heiligen Abend erinnert zu werden.

Adresse Glashüttenweg 4, 77709 Wolfach, Tel. 07834/83980, www.dorotheenhuette.info // ÖPNV Zug ab Offenburg // Anfahrt über die B 294 // Öffnungszeiten täglich 10–16 Uhr, Kristallglashütte und Museum bis 15 Uhr, im Sommer länger; Eintritt Kristallhütte und Museum: Erwachsene 6 Euro, Kinder 4 Euro, Familienkarte 15 Euro // ab 8 Jahre

TIPP: In Wolfach gibt es einen Bike-Park, wo man BMX-Fahrern zuschauen kann (www.facebook.com/bikeparkwolfach).

109_MINERALIENHALDE GRUBE CLARA

Achtung, Suchtgefahr!

Es wird geklopft, gehämmert und mit Wasser gespritzt, Grüppchen stehen zusammen, fachsimpeln und beäugen nicht immer nur gönnerhaft die Funde der anderen. Ganz klar: Wer zur Mineraliengrube Clara kommt, braucht durchaus Ellenbogen. Denn wer erst einmal angefangen hat, auf Edelsteinsuche zu gehen, wird vom Jagdfieber gepackt und kann nur schwer wieder aufhören. Kinder sehen die Edelsteinsuche jedoch meist deutlich weniger verbissen als die Erwachsenen und haben auch mehr Spaß. Und Spaß macht es, wenn man mit Hammer und Pickel die Erdhügel nach oben klettert, mit Schaufeln Sand und Dreck wegschippt und dann Steine aufklopft, um darin vielleicht etwas Glänzendes zu entdecken.

Und das tut am Ende jeder! Denn täglich landen hier neue Gesteinslieferungen aus der Grube Clara, die in Oberwolfach liegt und die mineralienreichste Grube überhaupt ist. Weltweit! 400 verschiedene Mineraliensorten hat man hier nachgewiesen (die schönsten davon werden im »MiMa« (siehe Ort 71) ausgestellt), jährlich werden 120.000 Tonnen Roherze gefördert, die man vor allem in der Industrie braucht. Dafür sprengt man Felsen, und der anfallende Abfall wird zur Mineraliengrube gebracht, wo sich Hobbysammler, aber auch Edelsteinverkäufer tummeln, um die besten Fänge abzugreifen.

Für Kinder wird neben dem Steineklopfen auch Goldschürfen angeboten. Katzengold. Es gibt genaue Anleitungen, wie das funktioniert, und Funde werden garantiert. Und die darf man dann mit nach Hause nehmen. Ist doch klar!

Adresse Kirnbacher Straße 3, 77709 Wolfach, Tel. 07834/867772, www.mineralienhalde.com // Anfahrt über die B 294 // Öffnungszeiten unregelmäßig – die Webseite gibt Auskunft; Erwachsene 13,50 Euro, Kinder 8 Euro, inkl. 8 kg bzw. Kinder 5 kg Mineralien-Mitnahme. Jedes weitere Kilo kostet 1 Euro. Werkzeug kann ausgeliehen werden. // ab 4 Jahre

TIPP: Der Ortsteil Kirnbach ist einer der drei Orte des Schwarzwalds, wo man traditionellerweise den Bollenhut trägt. Deshalb gibt es hier das Bollenhut-Talwegle, wo sich ein schöner Spielplatz befindet.

110_DIE WALDKRIPPE

Wenn Jesus im Schwarzwald geboren wäre

Hinten im Zastlertal, kurz bevor es rechts in Serpentinen zum Stollenbach hochgeht, steht eine kleine Mühle. Die Gassenbauernhofmühle. Im Sommer und Frühjahr klappert sie vor sich hin, im Winter – vom Freitag vor dem ersten Advent bis zum 6. Januar – wird sie zu einer wunderschönen Waldkrippe. Sie wird liebevoll dekoriert, Maria und Josef wachen über ihr kleines Kind, und auch Ochs und Esel sind da, alle liebevoll geschnitzt von örtlichen Künstlern.

Vor allem wenn Schnee liegt, ist die Waldkrippe ein wunderbarer, beschaulicher Ort der Stille, der einen den Zauber von Weihnachten spüren lässt. In einem kleinen Kasten liegen Weihnachtsgeschichten zum Vorlesen aus, während Kerzen in den Laternen flimmern.

Die Mühle ist aber auch im Sommer besonders. Dann ist die Weihnachtsdekoration weg, das Mühlrad dreht sich und klappert. Klick, klack. Im Freien gibt es Sitzgelegenheiten und eine große Wiese, auf der man spielen kann, während ein kleiner Zufluss des Zastlerbachs für etwas Frische sorgt.

TIPP: Ein Wanderweg zwischen Tal und Wald führt zur Mühle. Da er durch einen Bannwald führt, darf er nicht ausgeschildert werden, aber man findet ihn einfach. Einstieg in Zastler.

Die ehemalige Getreidemühle stammt aus dem 18. Jahrhundert und wäre beinahe in sich zusammengebrochen, wäre da nicht der Bürgerverein vom Zastlertal gewesen und hätte sich der alten Mühle angenommen, um sie liebevoll zu restaurieren und so herzurichten, dass sie wieder Getreide mahlen könnte, wenn man denn wollte. Besichtigen kann man die Mühle natürlich auch, allerdings nur mit Voranmeldung.

Adresse Talstraße 26, 79254 Oberried-Zastlertal, Tel. 07661/989230 // **ÖPNV** Bus 271 ab Kirchzarten // **Anfahrt** über Oberried // **Öffnungszeiten** frei zugänglich

111_DIE SCHMIEDE

Wer klopft denn da?

Unverhofft kommt oft! Denn auf Anhieb würde man die kleine offene Tür auf dem Weg zur Burg Zavelstein wohl kaum wahrnehmen. Aber dann wird doch die Neugierde geweckt. Einen kleinen Blick nach innen wagt man vielleicht doch, auch wenn es sich nicht gehört. Und dann bleibt man stehen und staunt, denn im Inneren ist gar kein privater Wohnraum, sondern eine alte, traditionelle Schmiede. Der Arbeitskreis für Heimatpflege des Schwarzwaldvereins Zavelstein hat sie nach altem Vorbild wieder aufgebaut, um an die alte Handwerkskunst zu erinnern.

Und das haben sie gut gemacht. Das Feuer knistert im Ofen, das Werkzeug liegt in der Stube, als wäre der Schmied eben erst nach draußen gegangen. Überall liegen Hufeisen, denn schließlich war das Nageln der Pferdeschuhe eines der wichtigsten Arbeitsgebiete des Schmieds. Und überhaupt sind in der Schmiede alle Gerätschaften original. Und zwar richtig original. Denn jedes ausgestellte Stück ist die Spende eines (ehemaligen) Schmieds oder einer Schlosserei. So ist die Schmiede also nicht nur ein Ort, an dem man viel lernt und sieht, sondern auch das Gedächtnis einer ganzen Handwerkerschaft.

An der Wand hängen Infotafeln: zur Geschichte der Schmiedekunst in Zavelstein oder zum Aufbau der Schau-Schmiede in diesem Haus – und natürlich über all diejenigen, die beim Aufbau geholfen haben. Vieles wird erklärt, nur ein Kuriosum bleibt ungeklärt: Warum hier ein Staubsaugerrohr steht. Das müssen die Besucher selbst herausfinden.

TIPP: Die Burg Zavelstein ist nur einen Katzensprung entfernt. Fast noch toller als die Burgruine ist der Spielplatz im Burggraben – da kommen Rittergefühle auf!

Adresse Im Städtle 13, 75385 Zavelstein, barrierefrei // **Anfahrt** über die L 347 // **Öffnungszeiten** tagsüber, das Licht geht über einen Bewegungsmelder an; Eintritt frei, aber eine Spende ist erwünscht // ab 4 Jahre

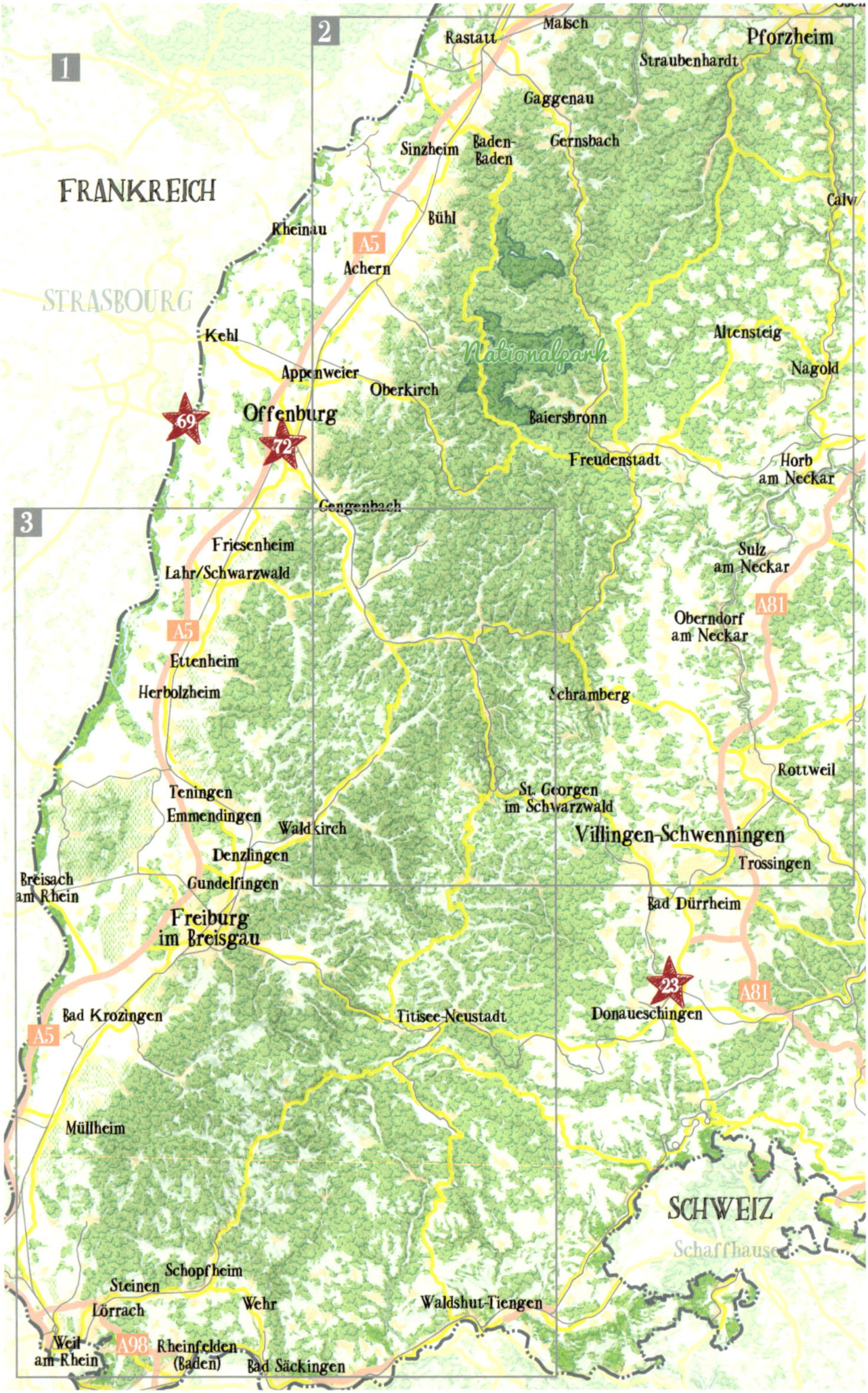
1
2
3
FRANKREICH
STRASBOURG
Rastatt
Malsch
Pforzheim
Straubenhardt
Gaggenau
Sinzheim
Baden-Baden
Gernsbach
Calw
Bühl
Rheinau
A5
Achern
Kehl
Nationalpark
Altensteig
Nagold
Appenweier
Oberkirch
Offenburg
69
72
Baiersbronn
Freudenstadt
Horb am Neckar
Gengenbach
Friesenheim
Lahr/Schwarzwald
Sulz am Neckar
A81
Oberndorf am Neckar
Ettenheim
Herbolzheim
Schramberg
Rottweil
Teningen
Emmendingen
Waldkirch
St. Georgen im Schwarzwald
Villingen-Schwenningen
Denzlingen
Trossingen
Breisach am Rhein
Gundelfingen
Freiburg im Breisgau
Bad Dürrheim
23
Bad Krozingen
Titisee-Neustadt
Donaueschingen
Müllheim
SCHWEIZ
Schaffhausen
Schopfheim
Steinen
Lörrach
Wehr
Waldshut-Tiengen
Weil am Rhein
A98
Rheinfelden (Baden)
Bad Säckingen

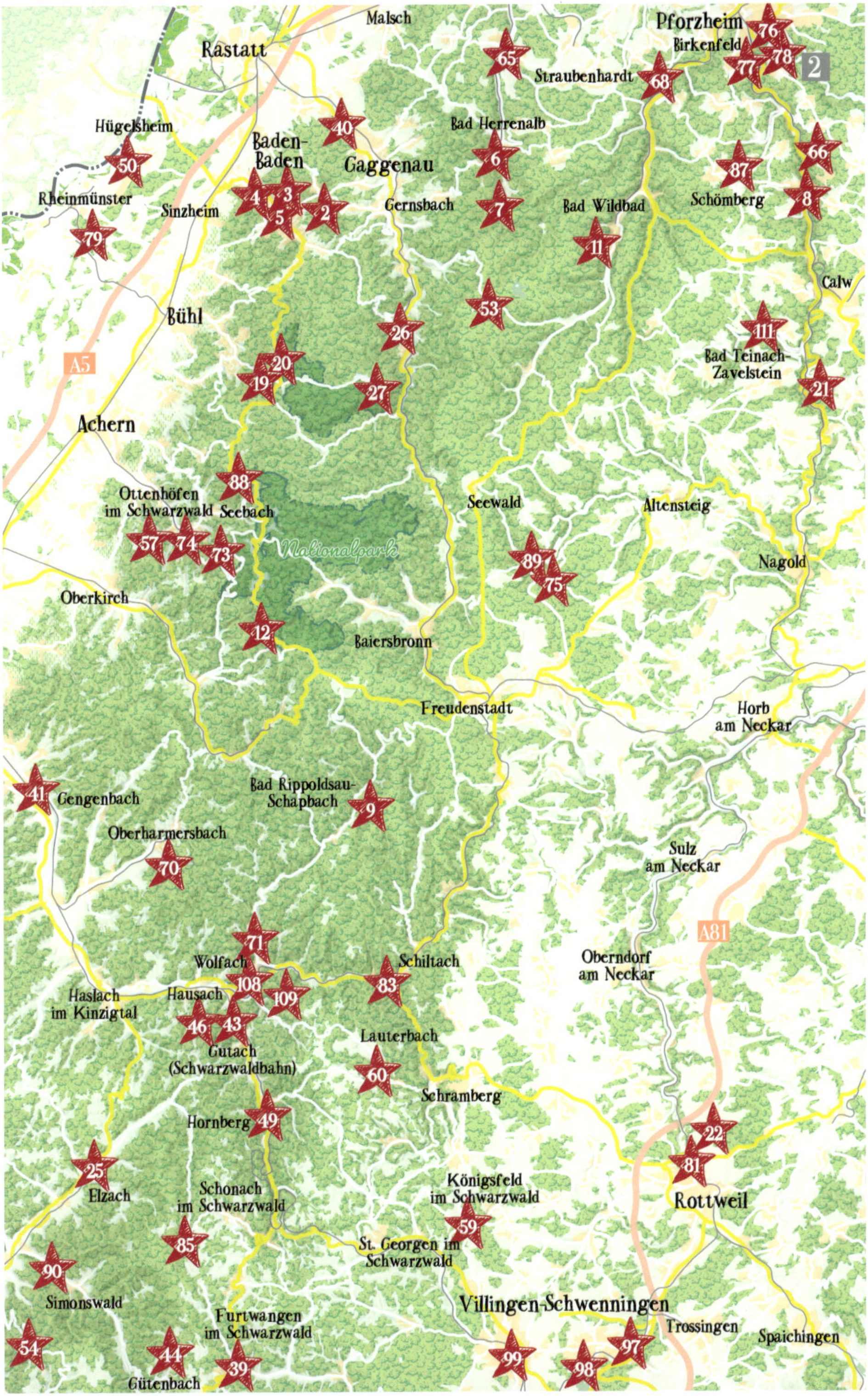

Malsch
Pforzheim
Birkenfeld
76
77
78
2
Rastatt
65
Straubenhardt
68
Hügelsheim
50
Baden-Baden
40
Bad Herrenalb
6
Gaggenau
66
87
Rheinmünster
Sinzheim
4
3
5
2
Gernsbach
7
Bad Wildbad
Schömberg
8
79
11
Calw
Bühl
53
26
111
Bad Teinach-Zavelstein
A5
20
19
27
21
Achern
88
Ottenhöfen im Schwarzwald
Seebach
Seewald
Altensteig
57
74
73
Nationalpark
89
75
Nagold
Oberkirch
12
Baiersbronn
Freudenstadt
Horb am Neckar
41
Gengenbach
Bad Rippoldsau-Schapbach
9
Oberharmersbach
70
Sulz am Neckar
A81
71
Wolfach
Schiltach
Oberndorf am Neckar
108
109
83
Haslach im Kinzigtal
Hausach
46
43
Gutach (Schwarzwaldbahn)
Lauterbach
60
Schramberg
Hornberg
49
22
25
81
Elzach
Schonach im Schwarzwald
Königsfeld im Schwarzwald
Rottweil
59
85
St. Georgen im Schwarzwald
90
Simonswald
Villingen-Schwenningen
Furtwangen im Schwarzwald
Trossingen
Spaichingen
54
44
39
99
98
97
Gütenbach

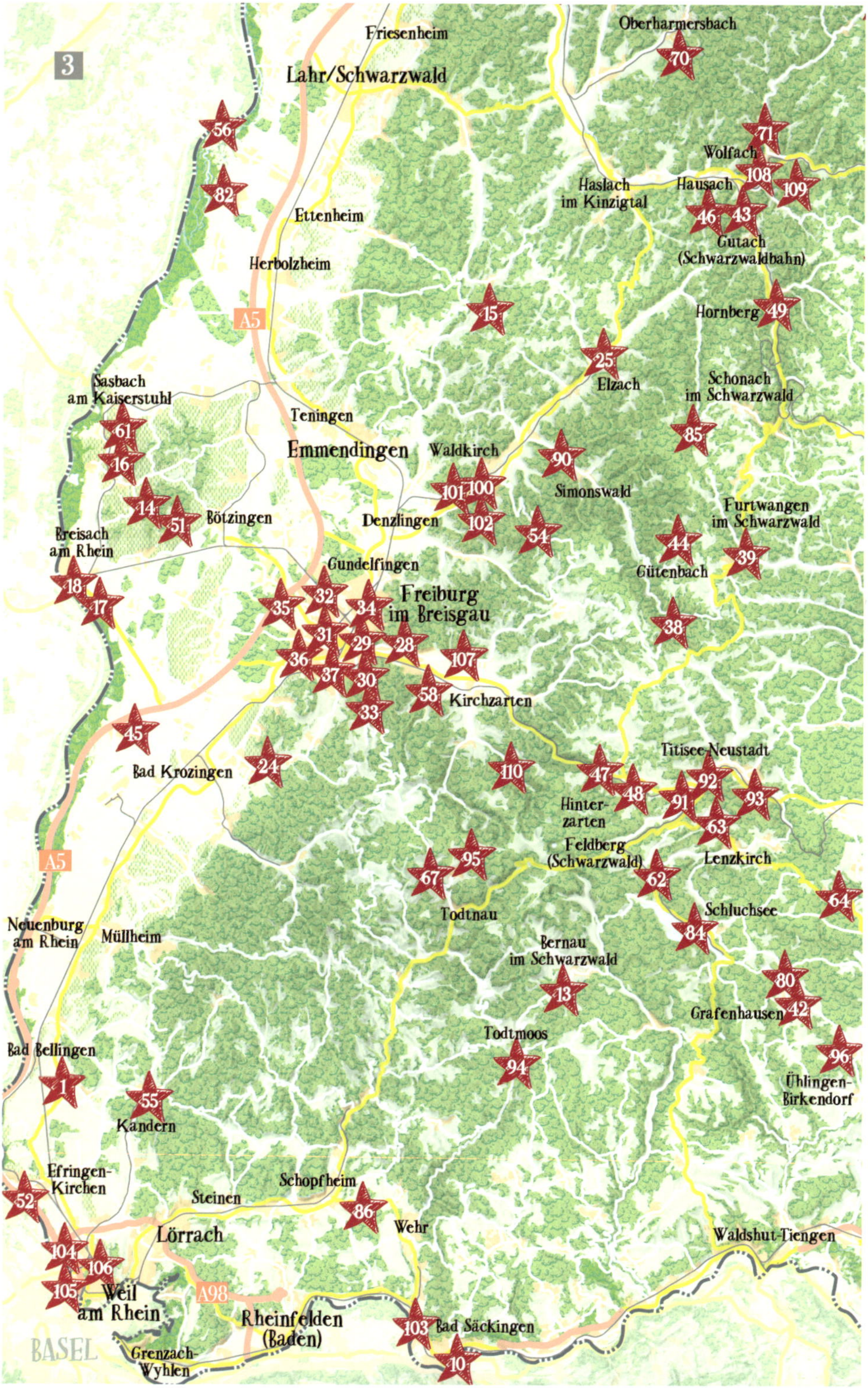
3
Friesenheim
Lahr/Schwarzwald
Oberharmersbach
70
56
82
71
Wolfach
108
109
Haslach im Kinzigtal
Hausach
46
43
Gutach (Schwarzwaldbahn)
Ettenheim
Herbolzheim
A5
15
Hornberg
49
25
Elzach
Sasbach am Kaiserstuhl
Schonach im Schwarzwald
Teningen
61
85
Emmendingen
Waldkirch
90
16
101
100
Simonswald
14
51
Bötzingen
Denzlingen
102
54
Furtwangen im Schwarzwald
Breisach am Rhein
44
39
Gütenbach
Gundelfingen
18
17
35
32
34
Freiburg im Breisgau
38
31
29
28
107
36
37
30
58
Kirchzarten
33
45
24
110
Titisee-Neustadt
Bad Krozingen
47
92
48
93
91
Hinterzarten
63
Feldberg (Schwarzwald)
Lenzkirch
A5
95
67
62
64
Todtnau
Schluchsee
Neuenburg am Rhein
Müllheim
84
Bernau im Schwarzwald
80
13
42
Grafenhausen
Todtmoos
Bad Bellingen
96
94
Ühlingen-Birkendorf
1
55
Kandern
Efringen-Kirchen
Schopfheim
52
Steinen
86
Wehr
Lörrach
Waldshut-Tiengen
104
106
105
Weil am Rhein
A98
Rheinfelden (Baden)
103
Bad Säckingen
BASEL
Grenzach-Wyhlen
10

DB
Schon gehört?
Die neue Schwarzwaldbahn
AudioGuide App ist da.
DB
Spannende Geschichten und Inspirationen
für Ausflüge entlang einer der schönsten
Strecken Baden-Württembergs.
Jetzt kostenlos downloaden!
Regio Baden-Württemberg
bwegt
Mobilität für Baden-Württemberg

Gina von der Heiden
111 Orte für Kinder am Bodensee, die man gesehen haben muss
ISBN 978-3-7408-1197-6

Florian Kinast
111 Orte für Kinder in München, die man gesehen haben muss
ISBN 978-3-7408-2180-7

Veronika Wengert
111 Orte für Kinder in und um Augsburg, die man gesehen haben muss
ISBN 978-3-7408-1079-5

Anke Landleiter
111 Orte für Kinder in Nürnberg, die man gesehen haben muss
ISBN 978-3-7408-0852-5

Nadine Luck
111 Orte für Kinder in und um Bamberg, die man gesehen haben muss
ISBN 978-3-7408-1075-7

Christiane Kisling-Schwan
111 Orte für Kinder in und um Tübingen, die man gesehen haben muss
ISBN 978-3-7408-1405-2

Franziska Lô
111 Orte für Kinder in und um Stuttgart, die man gesehen haben muss
ISBN 978-3-7408-1542-4

Marion Demme-Zech
111 Orte für Kinder im Saarland, die man gesehen haben muss
ISBN 978-3-7408-1205-8

Julia Schönborn
111 Orte für Kinder in Heidelberg, die man gesehen haben muss
ISBN 978-3-7408-0989-8

Charlotte Mohs
111 Orte für Kinder in Mainz, die man gesehen haben muss
ISBN 978-3-7408-0665-1

Julia Tzschätzsch
111 Orte für Kinder in Frankfurt, die man gesehen haben muss
ISBN 978-3-7408-0686-6

Carina Hirdes
111 Orte für Kinder in Nordhessen, die man gesehen haben muss
ISBN 978-3-7408-1627-8

Diana-Isabel Scheffen,
Andrea Tuschka,
Sarah Larissa Heuser
111 Orte für Kinder in und um Bonn, die man gesehen haben muss
ISBN 978-3-7408-2085-5

Christina Bacher,
Norbert Breidenstein
111 Orte für Kinder in Köln, die man gesehen haben muss
ISBN 978-3-7408-1776-3

Martin Berke, Nina Fandler
111 Orte für Kinder in und um Düsseldorf, die man gesehen haben muss
ISBN 978-3-7408-0972-0

Anna Sophie Pietsch
111 Orte für Kinder im Ruhrgebiet, die man gesehen haben muss
ISBN 978-3-7408-1603-2

Cornelia Kuhnert, Günter Krüger
111 Orte für Kinder in und um Hannover, die man gesehen haben muss
ISBN 978-3-7408-1544-8

Daniela Krause
111 Orte für Kinder in und um Bremen, die man gesehen haben muss
ISBN 978-3-7408-2037-4

Daniela Clément
111 Orte für Kinder in Hamburg, die man gesehen haben muss
ISBN 978-3-7408-2010-7

Alexandra Schlennstedt,
Jobst Schlennstedt
111 Orte für Kinder in und um Lübeck, die man gesehen haben muss
ISBN 978-3-7408-0845-7

Katja Josteit
111 Orte für Kinder in Kiel, die man gesehen haben muss
ISBN 978-3-7408-0641-5

Stephan Hollich,
Meike Spanner
111 Orte für Kinder in Ostfriesland, die man gesehen haben muss
ISBN 978-3-7408-1095-5

Sina Beerwald
111 Orte für Kinder auf Sylt, die man gesehen haben muss
ISBN 978-3-7408-0840-2

Isa Grütering, Natascha Korol,
Theresia Koch
111 Orte für Kinder in Berlin, die man gesehen haben muss
ISBN 978-3-7408-1546-2

Janine Eck, Kristina Offermann
111 Orte für Kinder in Potsdam und Brandenburg, die man gesehen haben muss
ISBN 978-3-7408-0977-5

Priska Lachmann
111 Orte für Kinder in Leipzig,die man gesehen haben muss
ISBN 978-3-7408-1834-0

Jenny Menzel
111 Orte für Kinder in Dresden, die man gesehen haben muss
ISBN 978-3-7408-0837-2